商社マン、
エルサルバドル
大使になる

樋口和喜
Higuchi Kazuyoshi

インターナショナル新書　115

目次

第一章　定年後の再就職先は「特命全権大使」

第二章

支持率低迷の政権とODA案件「ラ・ウニオン港」

第七章　開発協力に燃える

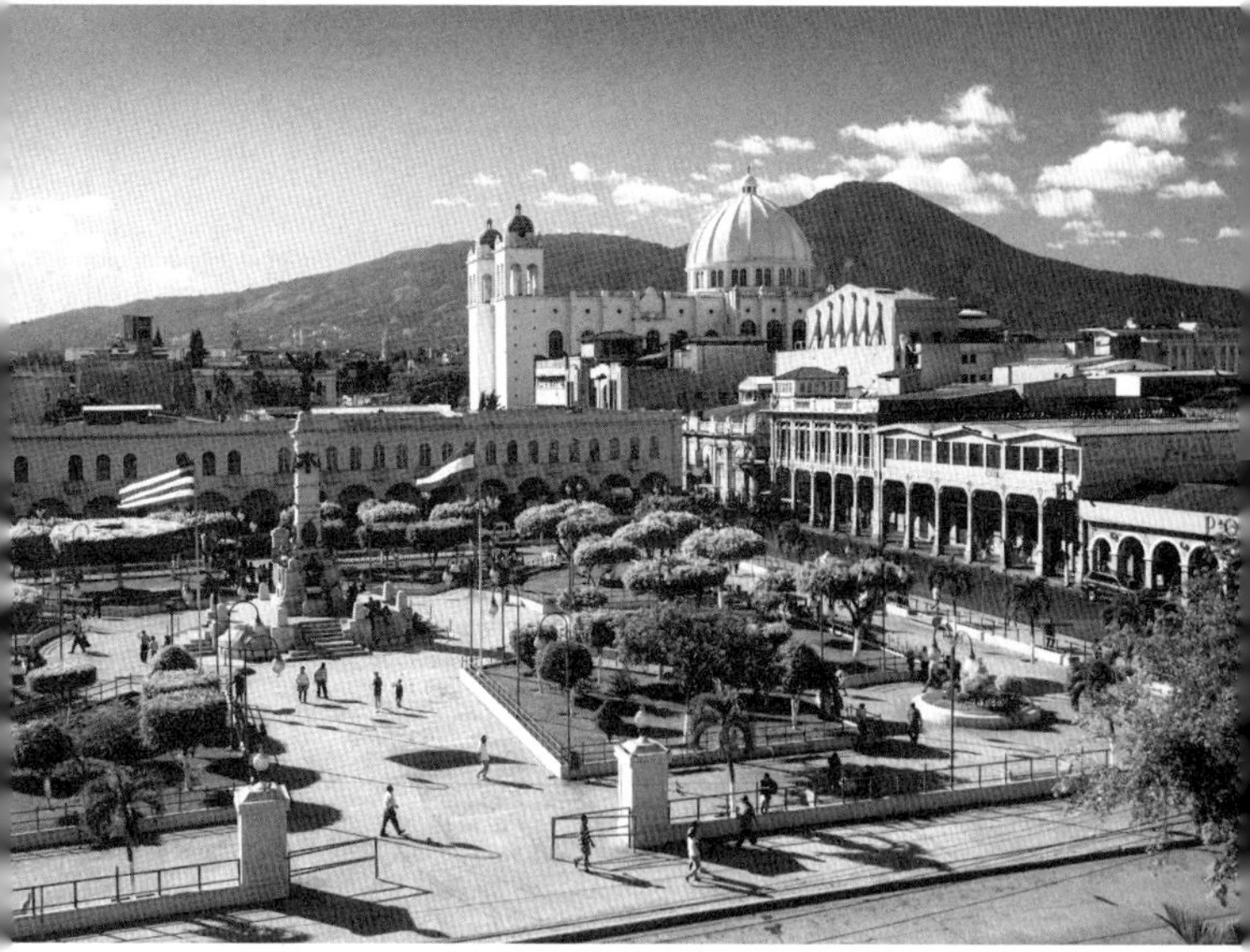

エルサルバドルの首都サンサルバドルの中心部　Photo:Getty Images

中央アメリカ&エルサルバドル共和国概略図

1. オロクイタ
2. サンタマリア・オストゥウマ
3. サンビセンテ
4. ベルリン
5. チナメカ
6. エルアマティージョ
7. エルソンテ
8. アウアチャパン
9. サンロレンソ
10. チャルチュアパ

エルサルバドル共和国概略図

※地図中の点線は県境

図版製作:タナカデザイン

第一章　定年後の再就職先は「特命全権大使」

皇居正殿「松の間」。目の前には天皇陛下

２０１７年６月22日、夕刻。

私は人生でかつてない緊張に顔を強《こわ》ばらせていました。

天井まで７～８メートル、面積は１００坪を超えていそうな広い部屋。すみずみまで磨きあげられた板張りの床。なにもかも荘厳で、心身ともに引き締まる思い。

そう、ここは皇居の正殿『松の間』です。

事前に教えられ、リハーサルもおこなった手順のとおり、足の出しかた、歩きかたに注意しながら前に進みます。借り物の着慣れないモーニングに身を包んだ私の歩きかたは、さぞぎこちなかったでしょう。革靴のたてるコツコツという音が厳《おごそ》かに響き、緊張がさらに高まります。定められた位置まで進み、教えられた角度でお辞儀をして、顔を上げました。

直立している私の目の前にいらっしゃるのは、岸田文雄《ふみお》外務大臣と……天皇陛下です（いずれも当時）。

外務大臣から官記（任命書）を受けます。リハーサルどおりの手順で受け取ると、任命書を掲げたまま天皇陛下の御前《ごぜん》３歩手前で最敬礼します。

式部官が「樋口特命全権大使」と私の姓と官名を呼びあげた後、天皇陛下よりおことばをい

ただきます。つづけて、任国の大統領に伝える陛下のおことばを拝聴します。私は姿勢を変えず、一言一句、聞きもらさぬよう頭にたたきこみました。

おことばが終わると、任命書を両手で掲げたまま3歩下がって向きを変え、退出口に向かいます。松の間を出る直前に入口の敷居内でもう一度向きを変え、天皇陛下にお辞儀をし、松の間を退出して休所に戻りました。

すべてで5分ほどの認証官任命式（認証式）ですが、人生最大の緊張に包まれた5分間でした。ずっと任命書を掲げていた腕が少々痛くなっていましたが、休所に戻るやいなや、先ほど天皇陛下からいただいたおことばを任国大統領に正確に伝えるため、大急ぎで書きとめました。書き終えて読みなおし、誤りやもれがないことを確認して、ようやく緊張がゆるみ、大きく息をはく。あらためて、任命書を眺めると、鮮やかな墨文字が目に飛びこんできました。

「特命全権大使に任命する」

こうして、私は「駐箚《ちゅうさつ》エルサルバドル共和国特命全権大使」になったのです（正確に言えば、任地は記されていないのですが、それは30ページで説明します）。

昨日まで、普通の商社マンだった私。運命の不思議とはこういうことか、とこれまでの経緯が頭に浮かんできました。

「大使にならないか？」――衝撃の展開

「中米の国の大使就任、という話があります。関心はありますか？」

副社長からいきなりこう聞かれました。

「大使!?　なんの話だろう」

それが率直な感想でした。

２０１６年11月、62歳の私は長年勤務していた総合商社の嘱託再雇用というステータスで、子会社である栃木県の自動車部品製造会社に副社長として出向していました。ただ、その会社にずっといられるわけでもなし、この年齢で転職の口がないか、人材派遣会社などに相談していた矢先です。当時、本社の人事総務などのコーポレート担当副社長であった先輩から電話がありました。私のメキシコ駐在時代にはニューヨークに駐在していて仕事をともにし、さらに本社勤務時代にもいろいろとお世話になった人です。

「君の将来について話をしたい。本社に来てくれないか」

それだけです。新しい人材派遣会社の紹介でもしてくれるのかな、とひさびさに本社の役員フロアを訪れると、開口一番、冒頭のことば。正直、面食らいました。

ここで、私の商社マンとしての経歴をご説明します。

１９７９年に商社に入社し、海外業務中南米課に配属され、中米を担当しました。学生時代の1年間、政府交換留学生としてメキシコのユカタン州立大学でスペイン語とメキシコの歴史・経済を学んでいましたので、順当な担当業務でした。やがて自動車製造設備や部品の輸入ビジネス、海外関連の自動車部品製造への投資事業を手がけ、１９８８年にはメキシコ法人自動車プロジェクトの課長として1回目のメキシコ駐在。本社に戻った後、次はメキシコ法人のモンテレイ支店長として駐在。さらにまた本社勤務を経て２００９年からメキシコ法人の社長に赴任、合計３回の駐在を経験しました。

その後、60歳の定年を前に２０１４年４月には、本社勤務時代に私が中心になって買収した栃木県の自動車部品製造会社に副社長として出向。しかし数か月日本に戻っただけで、その会社のメキシコ製造会社社長としてすぐにメキシコに戻り、２０１５年９月までメキシコで過ごしました。

同年10月に日本に戻り、出向先の副社長として帰任しました。それから1年間あまり、栃木で単身赴任の生活を送っていましたが、出向先の会社は順調に成長し、私の古巣である商社の自動車製造事業部との協働やガバナンスも順当に進んでおり、私は副社長としての役割は終えたな、と感じていました。そこで長年背負ってきた商社マンの肩書をおろして、自分の経験を生かせる職場に再就職できないか、と２０１６年の半ばから人材派遣会社に登録して、いろいろな企業を紹介してもらっていました。しかし、企業の期待値と私の希望とがなかなか折り合わず、なにも決まらぬまま、日々を過ごしていたところに、本社の副社長から電話がかかってきた、というしだいです。

しかし、大使就任の打診とはまったく予想外。メキシコ駐在時代、歴代の駐メキシコ日本大使や大使館員とは懇意にさせてもらい、大使がどんな仕事かはおぼろげながら理解はしていました。ここまでお話ししたように、メキシコに何度も駐在し中米全般を担当していたので、スペイン語の読み書きしゃべりには不自由ありませんし、現地の事情や文化歴史にも通じているつもりです。中米のエキスパートである、という自信はあります。だから「民間人出身大使」として、白羽の矢を立てられたのでしょう。しかし、私に外交なんてできるのだろうか、という不安も大きい。

平成の半ばから、外務省改革の一環として民間人の大使登用が盛んになりました。伊藤忠商事の社長、会長を務めた後、駐中国大使（2010～12年）に就任された丹羽《にわ》宇一郎《ういちろう》氏のように、大国の大使に起用された例もあります。任国の事情に通じた民間人が選ばれますから、丹羽氏のように商社出身の大使も徐々にではありますが誕生していました。しかし、私が勤める商社出身の大使はまだおらず、会社としても「適切なポストがあれば、わが社からも」と希望はしていたところ、今回の話をいただいた、ということでした。むろん、この話はすべて社長も了解されている、との由《よし》。

副社長の話によれば、会社からの出向ではなく、会社を退職して外務省に任用される、つまり外務省職員になるようです。会社としても初めてのことであり、これから外務省とコンタクトしていろいろ理解する、とのこと。そして、本件は超マル秘扱いであり、社内でも社長、副社長、直属上司の本部長、自動車製造事業部長のみが共有する情報なので、絶対に口外すべからず、と注意を受けました。

これは会社のためにも承諾せねばならないだろうな、と考えましたが、即答はせず「妻とも相談しますので、時間をください」と返事をしました。副社長も、突然の話でもあるので即答は不要、しかし数日内にぜひ返事を、と笑顔で返してくれました。

副社長室を辞したその足で後輩でもある自動車製造事業部長と会い、コーヒーを飲みながら談笑しました。なにか、と口にはしませんが「樋口さん、大変な役目になりそうですね」とことばをもらい、「気持ちは固まっているが、どんなものかもよくわかっていないし、唐突でとまどってもいるし……まあ、また海外勤務かな」と答えたのを覚えています。

降って湧いた話ですが、まったく新しい仕事、しかも望んでもそうそうできない仕事、そしてスペイン語が使え、これまでの経験が生かせる仕事、に就ける機会を目の前にして正直、心が高揚していました。

その夜は東京の自宅に帰り、妻と話しました。

「いいお話ですよ。栃木に出向中のあなたには覇気が少なかったし、楽しくないように見えました。大使は日本を代表する立場なんだからやりがいもあるだろうし、スペイン語が役に立つのもいいことじゃない。会社からも期待されているんだから、承諾したら」

とあっさり言われました。そうか、日本にいると楽しくなさそうなのが丸わかりだったのか、と気恥ずかしさに頭をかく思いでした。

翌日、栃木に戻り、本社の副社長に電話を入れ、大使任用をお受けしますと返事しました。副社長からは、会社から外務省につなぐが、追って何らかのコンタクトがあるまで、この話は口外禁止である、と念を押されました。

「絶対口外禁止」の準備期間

2016年12月、外務省官房長、人事課長、本社の副社長とともに、赤坂でランチ会食の場を持ちました。採用面接かと思っていましたが、顔合わせが目的のようで、私の経歴への質問とか大使の仕事の説明などはなにもありませんでした。経歴などは会社から提供されていて、今さら確かめることなどなかったようです。会食中、外務省側から、「中米のどの国かはまだ言えない」、「大使の給与は、現在の商社での給与より少ないと思うがいいか」と言われました。

私は、「給与面はお任せしますが、高地の国は健康面で苦手です。それとニカラグアとホンジュラスはあまり知見がありません」と、暗にこれらの国の大使任用は避けてほしいとコメントしました。

外務省から、「来年春ごろの発令を考えているが、異動の調整などもあり遅れる可能性はある」と説明され、「大使の任用は閣議決定事項でもあり、事前にもれると任用そのものがキャンセルになるので、くれぐれもマル秘機密事項とし、社内でも知っている人間は最小限にしてほしい」と指示されて、会食面談は終了しました。

帰路、「あらためて本部長、自動車製造事業部長に箝口令《かんこうれい》を出す」、「私が外務省と電話で話すときは出向先、本社、いずれでも人のいない場所を選ぶ」、「出向先での業務中でも、外務省からの指示は最優先で処理する」といった必要事項を副社長と確認し合いました。

春までなにを、いつ、どのようにすればよいのか、という説明は外務省からまったくありませんでした。指示が出るのを待つしかありません。国家公務員試験を受けるのだろうか、英語やスペイン語の試験でもあるのだろうか、いろいろ想像はしましたが、けっきょく取り越し苦労でした。ただ、外務省からいつ呼び出しや作業の指示を受けてもすぐに対応できるようにという本社副社長の配慮で、２０１７年３月、出向先を引きあげ東京本社の元の職場に戻る、という異動発令を受けました。

本社復帰とはいえ、背景が背景だけに、特に担当する業務は与えられず、ルーティーンの部内会議への出席以外は、外交や大使に関する書籍を読みあさり、資料を集めて調べるという毎日でした。会社としても、初めて大使を送りだすわけでなんのノウハウも持っていません。とにかく外務省からの指示に従う、ということで副社長、本部長、部長の意見は一致していました。所属部署の業務にはまるで関わらず、日々本や書類を読んでいたり、PCでなにかを検索していたり、メールを打っていたり、ときどき携帯を持って席を離れひと目につかない場所へ消えたりする私のことを、周囲の席の人たちはどんな目で見ていたのでしょうか。この年齢で出向先から戻ってきていること自体も普通ではないのです。

おそらく、相当不思議に思われていたでしょうし、私自身ももどかしい思いは抱えていました。しかし（もう飽きたとは思いますが）、口外絶対禁止のマル秘業務なのです。どうしようもありませんでした。

赴任地は中米随一の親日国家、エルサルバドル共和国

3月に入って、ようやく外務省人事課任用班担当から電話があり、準備すべき必要書類と当面のイベント日程について説明されました。ここにきて、自分は大使に任ぜられるのだな、という実感がようやく湧いてきました。

3月半ばまでに外務人事審議会宛に履歴書、外務省人事課任用班宛に在職証明書を提出する。これをもって3月27日に外務人事審議会（外務省の人事・勤務条件等について審査・調査し外務大臣に勧告する、外務省の審議会）が私の大使任用について審議し、承認する予定。この承認で閣議を待たずにほぼ大使としての任用が確定する、という説明でした。

このとき、私の赴任地はエルサルバドル共和国である、と知らされました。

エルサルバドル、と聞いてすぐに思い出したのは、メキシコ法人の社長時代にエルサルバドルの首都・サンサルバドルの事務所を閉鎖したことです。当時、私は米州総支配人補佐も兼務して中米を管轄していたため担当した仕事でしたが、おかしな因縁だなあと思いました。

エルサルバドルは中米の中では非常にまじめな国民性で知られていて、さらに中米随一といっていい親日的な国です。日本とは自動車関連や航空機関連の貿易、ビジネスもおこなっていたので、メキシコ駐在時代に数回訪れたこともあり、ある程度は現地の事情も知っています。希望どおり高地ではありませんし、現地をよく知らない国への赴任ではなかったことで、ひとまずは安心しました。

その後、任用班からの指示で、5月に外務省内の診療所で健康診断を受けました。私は毎年12月末に人間ドックを受診しており、肥満以外は特別な所見もなかったので心配はしていませんでしたが、今回の診断でもなんの問題もありませんでした。6月初旬になると、会社の辞職確認レターを提出するよう任用班から連絡があり、副社長経由で人事部長に申請、作成してもらったレターを提出しました。これが最後の手続書類でした。

この間、当然ですが、妻以外には、娘たちにも私の両親にも大使就任の件はいっさい、匂わせもしませんでした。

娘たちはすでに結婚して実家を離れていましたが、3月に私が出向先を離れて本社に戻る、妻といっしょに生活すると伝えると、なにかが起きるのだとは察したようで、興味津々でした。「なぜ本社に戻るのか」「新しい勤め先が決まったのか」などと、何度も聞かれました。発令の正確な日取りはわかっていませんでしたが、5月まではとにかく黙っていようと答をはぐらかしていました。しかし、発令されるとネットや新聞に載ります。そのタイミングで話しては、さすがに家族の絆にひびが入るかもと思い、5月に入ってから自宅に呼び、「絶対マル秘だけど」と前置きして説明しました。

娘たちは驚くとともに矢継ぎばやに「大使ってなにするの?」「エルサルバドルってメキシコの南だっけ?」「いつ赴任するの?」などと私を質問責めにしました。答えられる範囲で説明し、悪いけれど娘たちの夫にも周囲にも発令まで内緒にしておくようにと釘を刺しました。さらに同じ日に、岐阜市に住んでいる両親にも電話で説明しました。こちらは電話だったせいもあるでしょうが、「ああ、そうか。元気でな」とあっさりした返答でした。

式典用モーニングは帝国ホテル内でレンタル？

特命全権大使は総理大臣から任命され、同時に天皇陛下から認証されます。認証式は皇居の正殿「松の間」でおこなわれます。当然のことながらドレスコードがあり、男性はモーニングを着用することとなっています。新しく内閣ができた際、総理大臣を中心にした閣僚の集合写真が撮影されますが、男性は皆さんモーニングを着用していますよね。あれは、その前に皇居で天皇陛下より認証される、という手続があるからです。衆議院議長や参議院議長、大使の認証式も同じです。

モーニングなんて持っていない、という心配は必要ありませんでした。陛下から認証を受ける人は、帝国ホテルからハイヤーで皇居へ向かうのが決まりだそうで、帝国ホテル内の髙島屋がモーニングをレンタルしてくれる、という説明を受けました。多くの大使が利用しているとのことで、私も迷わずレンタルにしました。認証式の日取りは確定していませんでしたが、レンタル予約は受けてもらえました。日時未定で予約するという行為はなんとも不思議な感覚でしたが、サイズを測るために髙島屋を訪問したところ、担当者から「この度はおめでとうございます」と丁寧な挨拶をされるとともに「皆さん日時未定で予約されますから問題ないですよ」と説明されました。髙島屋にとっては、ごく普通の手順なのでしょう、手慣れたものでした。レンタルのモーニングで身支度を整え、帝国ホテルにハイヤーが迎えに来るのを待つ、と教えられました。

そうこうするうちに、認証式は6月22日と決まりました。認証式の日取りは天皇陛下の日程に合わせて決まり、大使の任用は認証式前日の閣議で承認されます。また私には、やはり認証式の前日、21日を会社の退職日とするよう指示がありました。いよいよ、40年近く勤めた商社を去るのか、と柄《がら》にもなく感慨にふけったのを覚えています。

認証式はまだでしたが、たまたま6月13日から19日のうち4日間、大使の赴任前研修が外務省で開催されることになり、発令済の新任大使や私のように発令待ちの新任（予定）大使が合わせて15名ほど参加しました。まだ絶対マル秘の期間中ですので、この4日間は、有給休暇を取得して研修に臨みました。

大使という仕事の概要が想像できるかと思いますので、この研修のおもなテーマを以下に列挙します。細かい内容はさすがに書けませんが、中には特権免除、便宜供与、という民間企業では耳にしない項目もあり、興味深く学びました。

――館長・次席の役割、人事管理、メンタルヘルス、現地職員管理、地方連携・日本企業支援、情報収集・分析、情報セキュリティ、外交領事・特権免除、情報防護対策、会計、戦略的対外発信、在外公館の役割、文書管理・個人情報保護、プレス対応、領事総論・危機管理、便宜供与、JBIC（国際協力銀行）、NEXI（日本貿易保険）、JOIN（海外交通・都市開発事業支援機構）、ＪＩＣＡ（国際協力機構）の役割に関する説明——。

おもしろかったのは、2日間にわたって、夜に組まれた「日本酒と日本産ワイン普及のための試飲と講習」という自主参加のカリキュラムです。日本酒のつまみとしてチーズ、サラミなどの洋風スナックが、日本産ワインには煎餅《せんべい》、羊羹《ようかん》など日本のスナックが提供されました。考えてもいなかった組合せでしたが、どちらも相性が良く、感心しました。日本酒の旨さは現地で調達できるつまみで十分引き立てられるし、日本産ワインと日本のつまみという新しい味の提案も楽しそうだ、と理解できたのは大きな収穫でした。なお、参加者は会費を払っています。公費で飲酒しているわけではありません。念のため（笑）。

6月21日。午前中の閣議で大使就任が承認され、同日の新聞夕刊やネットで発表されました。これでようやく「マル秘」ではなくなりました。

退職日には慣例として、その日の夕方に今までいっしょに働いた仲間が集まり、退職者が挨拶する場が設けられます。その挨拶で、私はエルサルバドルの大使になります、とサプライズ発表したら、みんなはどんな顔をするかな、と楽しみにしていました。ところが、集まってくれた仲間のほとんどは、ネットや口コミで私の大使就任を知っていたのです。そのため、予想したほどのサプライズにならず、少々残念でした。ネット情報の速さも善し悪しですね。しかし、おおぜいの仲間が私の挨拶に駆けつけてくれ、祝ってくれたのは嬉しいかぎりでした。皆さん興味津々で、大使就任の背景はどんなものか、大使とはなにをするのか、など質問責めにされ、話せないことが多すぎて説明が大変だったのもいい思い出です。

その夜、会社近くの蕎麦屋《そばや》で少人数での慰労会が開かれ、話せる範囲で大使就任の背景やらこれまでの経緯やらを説明しました。後輩の役員から「これからは〝樋口閣下〟と呼ばないといけませんね」と笑いながら冗談も言われ、楽しい宴でした。

緊張感MAXの認証式の一日――「松の間」は広かった

翌日、6月22日の夕方。冒頭で書いたように、特命全権大使の認証官任命式（認証式）が皇居正殿『松の間』で執《と》りおこなわれました。

まず帝国ホテル内の髙島屋でモーニングに着替え、他国に赴任する新任大使2名とともに迎えを待ちます。大使それぞれが1台ずつ黒塗りハイヤーに乗りこみホテルを出発、10分もかからず皇居坂下門《さかしたもん》を経て宮殿南車寄せに到着しました。当然ですが、私は初めて皇居正殿に足を踏みいれました。南車寄せで宮内庁の係官たちに出迎えられ、大きな階段を上って休所（千《ち》草《ぐさ》・千鳥《ちどり》の間）に通されます。休所には上司となる岸田文雄外務大臣（当時）が待機されていて、挨拶としばしの歓談の時間が取られました。私は、以前、岸田大臣がメキシコを訪問された際、駐在中だった私が大使公邸に招待されて夕食に同席しメキシコの自動車産業関係の話をさせていただいた経験を述べました。

つづいて、式部官から認証式の手順の説明を受け、実際に「松の間」に入ってリハーサルをおこないました。

――正殿「松の間」への入りかた。入口の敷居内で一礼してから御前に進む。足の出しかた。歩きかた。天皇陛下の御前3歩手前で最敬礼をする。最敬礼の角度。外務大臣からの任命書の受け取りかた。一礼し後ずさりして天皇陛下の御前に戻り任命書を掲げたまま最敬礼をする作法。このとき入口に侍立《じりつ》する式部官が私の姓と官名を呼びあげる。天皇陛下からおことばを受ける。その際天皇陛下には声をかけてはいけないこと。天皇陛下からのおことばは任国の大統領に正しく伝えるよう必ず正確に覚えておくこと。任命書を両手で掲げたまま3歩下がって向きを変え、「松の間」を下がる際、敷居内でふたたび向きなおって一礼のうえ、向きを変えて退出すること。等々。

実に細かくきちんと定められた手順と作法があり、間違えては一大事だと、リハーサルからかなり緊張しました。

そして、本書の冒頭で書いた、人生最大の緊張感に満ちた5分間ほどの認証式が終わりました。私以外のふたりの新任大使もやはり5分間ほどで認証式を終えました。休所に戻り「新任御挨拶　特命全権大使　樋口和喜《かずよし》」と記帳をおこない退出します。始まる前から、すべての儀式が終わるまで、大使同士では、まったくことばを交わしていません。黙りこくったまま、来たときと同じくそれぞれがハイヤーで皇居を辞し、3台つらなって帝国ホテルに戻りました。到着して車を降り、顔を見合わせたとたん、皆で「いやー緊張しましたね。『松の間』は広かったですね」と口々に言い合いました。3人とも尋常ならざる心持ちだったのだな、となんだかおかしくなりました。

翌23日、外務省で岸田外務大臣から、在エルサルバドル日本大使としての辞令を受け取りました。確かに、認証式でいただいた任命書には任地が書かれておらず、単に「特命全権大使」となっています。特命全権大使の任命と、任地の辞令とは別ものなのだ、ということをこのとき初めて知りました。会社だと「〇〇部の部長」という辞令はひとつですが、大使の場合は分かれているのですね。

同日、外務省の人事異動通知に私の在エルサルバドル共和国日本大使任命が掲載され、正式に私の身分が確定しました。

表敬訪問行脚と赴任準備の40日間――パスポートは「こげ茶色」

認証式からエルサルバドルに赴任するまで準備期間が40日間ほどありました。なかなか日本を出ずにすみませんが、もう少しおつきあいください。

外務省中南米局中米カリブ課の人びとから省内ブリーフィングを受け、訪問しなければならない外部とのアポ調整が進められ、多忙な40日間でした。当時の中南米局長は私が駐在時代、メキシコ日本大使館に勤務していて懇意にさせてもらっていた人で、挨拶に行くと「樋口さん、びっくりしましたよ」と笑顔で迎えてくれ、赴任にあたってのいろいろな指示を受けました。また参事官を務めていた知り合いからもメールで驚きとお祝いのことばをもらいました。後から知ったのですが、外務省の人事異動はほぼ毎日なにかの発令があるようで、省内の人びとは人事情報をチェックするのが習慣になっているようです。

各種広報に使うため、広報室のカメラマンに写真撮影もしてもらいました。その写真を使って公用旅券を申請します。数日後、できあがったパスポートは「こげ茶色」で最初のページに英語で「駐箚エルサルバドル共和国特命全権大使」と記載されていました。

赴任前に表敬訪問したのは、在京エルサルバドル大使、複数の民間企業、JETRO（日本貿易振興機構）、JICA（国際協力機構）、JBIC（国際協力銀行）他公的機関や日エ友好議員連盟会長、私の前職の商社の会長、社長などでした。訪問アポがある日には外務省に登庁し、中米カリブ課が予約してくれたハイヤーに乗って訪問先に向かう決まりでした。また外務省にいらっしゃった民間企業の方と大使室の応接間で面談することもありました。

大使室とは、赴任準備中の新大使、一時帰国中の大使、帰朝していて退官する前の大使、といった「一時的に日本にいる大使」のために用意されている部屋で、そこで執務も打合せもできます。登庁した日はそこを執務室として使っていました。

在京エルサルバドル大使であるマルタ・リディア・セラヤンディア・シスネロス氏への訪問は有意義でした。セラヤンディア大使は女性で日本滞在が長く日本語も話せるとは聞いていて、最初は日本語で会話を始めました。しかし私がスペイン語を話せるとわかったとたん、会話はすべてスペイン語になりました。

私からは2国間の友好関係の維持拡大はもとより経済交流を活発化させたいと所信を述べました。ただ、「エルサルバドルのPROESA（貿易投資促進機構）のプレゼン資料は、観光用の写真が多く使われ、『われわれの国はいいところだ、投資を待っている』という単純なメッセージしかない。これでは日本企業が関心を示さない。一度訪問してみようという気にはならない」という問題点を指摘しました。産業の特徴、輸出商品の可能性、投資のための法律ガイダンスやインセンティブなどを明示すべきだ、と提言したのを覚えています。するとセラヤンディア大使から、PROESAの資料はよくないとつねづね思っているので、私の指摘を伝え、改善するように促すと言われ、さらに私が着任したらさっそくPROESAのトップと面談してほしいと依頼されました。彼女は、私が民間出身であり、総合商社で貿易や投資事業を担当していたことを事前に調べており、エルサルバドルの経済発展への支援を私に期待してくれていたのだと思います。私も、民間人出身の自分が大使として赴任する意味はそこにあるのだろう、と見えてきたところでしたので、意を強くしました。

商社の場合ですと、前任者と後任者は現地で約30日間、業務と人脈の引き継ぎをおこないます。しかし大使の場合は前任大使と後任大使は任国には同時に滞在せず、引き継ぎは日本でおこないます。前任の駐エルサルバドル大使は半日だけ時間が取れる、ということで、引き継ぎ作業は大使室で1時間ほどでした。口頭による大使館員に関する人事評価説明が中心で、外交や大使館内業務の懸案事項の説明はなく、引き継ぎに関する文書もありませんでした。その後、前任大使がセラヤンディア大使にいろいろ世話になったのでお礼を兼ねて挨拶に行きたいということでしたので、私もいっしょにホテルのコーヒーショップで面談しました。私にとっては2度目の面談ですが、前任大使はスペイン語を話さないので英語での会話になるのかなと予想していたところ、セラヤンディア大使が非常に流暢な日本語で応対されたので少々驚きました。

準備と言えば名刺もありました。大使の名刺は発令後すぐに作成しますが、前任者から300枚で十分という申し送りだったので300枚作成して赴任しましたが、けっきょく追加作成して在任中、1500枚の名刺を使用しました。

国会議員は各国との友好を深めるために各国の議員と友好議員連盟を作っています。ひとりの議員が5~6か国の友好議員連盟を掛けもちすることもあります。エルサルバドルの場合は日エ友好議員連盟と称され、日本側の会長は、元環境大臣の原田義昭衆議院議員（当時）です。非常に温和で話しやすい方で、赴任前、一時帰国中、帰朝の際、計4回面会してエルサルバドルの政治経済社会の現状を報告しました。いっぽう、エルサルバドル側の友好議員連盟会長は、ノルマン・キハーノ国会議長（当時）でした。

天皇皇后両陛下への拝謁、皇太子殿下と雅子妃殿下への接見

7月21日。この日は天皇皇后両陛下（現・上皇上皇后両陛下）への拝謁とお茶でした。夫婦同伴が原則ということで、午前中に妻とともに外務省に登庁し、そこからハイヤーで皇居坂下門を経て御所を訪問、天皇陛下、皇后陛下それぞれ15分間、拝謁を賜りました。私も含め新任大使3名、いずれも夫妻での拝謁です。

案内されたのは小広間で、天皇陛下と皇后陛下は離れてお座りになっておられます。大使夫婦は、それぞれの陛下に順番に拝謁します。私と妻は最初に皇后陛下に、その後、席を移動して天皇陛下に、と拝謁を賜りました。

妻のドレスコードは、原則シルク生地で色柄は灰色、派手な靴やアクセサリーは着用しない、などと詳細に決められていました。大使の私は普通のダークスーツであればよい、という規定でした。

妻も興奮していましたが、私はなにをお話しするかを考え、興奮より緊張が勝っていました。認証式では立ったまま一方的におことばをいただくだけでしたが、今回は座って対面し、私も話さねばならないのです。しかし、両陛下の優しいリードもあり、楽しくお話ができ、素晴らしい体験となりました。50センチほどの距離で文字どおり膝を突き合わせてのご拝謁で、ここまで近くでお話しすることができ、ただただ感激しました。

天皇陛下とはエルサルバドルとはどのような国かというお話をしました。皇后陛下には私が商社出身であり、メキシコ駐在経験があることをお話ししたところ、皇后陛下もかつてメキシコを訪問された際に料理が美味しかったことをお話しいただきました。両陛下ともにこやかで、普通の会話ができたことに驚き、感動しました。

同日の午後には、皇太子殿下（現・天皇陛下）と雅子妃殿下（現・皇后陛下）に東宮御所でご接見いたしました。東宮侍従より式次第について説明を受け御接見の間で両殿下とほか2名の新任大使とともに丸テーブルに腰かけ、お話しさせていただきました。私の横には30センチほどの間隔で雅子妃殿下がお座りになり、30分ほどのご接見でした。皇太子殿下が昔、メキシコを訪問された際、日墨会館（日本とメキシコの交流を図る日墨協会の建物）の前で私が挨拶させていただいたこと、カリブ海のリゾート地カンクンについて、などをお話ししました。また、私も含め3人の新任大使はいずれも外務省出身ではなかったので、それぞれの前職がらみの話題が多かったことを記憶しています。

しかしこの日は、天皇陛下、皇后陛下、皇太子殿下、雅子妃殿下、と普通ならことばを交わすことなど考えられないやんごとなき方々と、１メートル未満の距離でお話しした、という今思い返しても信じがたい経験の連続で、緊張しつつもどこか足が地に着いていないような不思議な１日でした。

眞子様との面会は30分間ふたりきり

表敬訪問はつづきます。７月24日には赤坂御用地の秋篠宮《あきしののみや》邸に向かい任国関係皇族として、眞子《まこ》内親王殿下（当時）を私ひとりで訪問しました。

眞子内親王殿下は、２０１５年12月、日本とエルサルバドルの外交関係樹立80周年を祝うためエルサルバドルを訪問されました。眞子内親王として初めての外遊先です。日本のプリンセスがやってくるということで、連日エルサルバドルのテレビや新聞で大きく報道され、大層手厚い歓迎を受けたということです。この時点でわずか1年半前のできごとです。いわば、日本とエルサルバドルの友好関係の象徴のような存在でした。

赤坂御用地内の秋篠宮邸におうかがいすると、応接間に通され、待つように言われます。ひとり残されてぽつねんとしていると、ドアがノックされ、眞子内親王殿下がティーカップをふたつ載せたトレイを両手で持って、入ってこられました。

「え、誰も同席しないの？」と大きなクエスチョンマークが頭に浮かびましたが、眞子様は微笑まれながら、私の前にティーカップを置くと、向かいの椅子に座られました。応接間に眞子様と私のふたりきりです。

　まさか誰も同席しないとは予想していなかったし、眞子様自らお茶を運ばれてきたことにも驚いて、にわかに緊張が襲ってきました。当時、眞子様は25歳、私の子どもたちより年下です。さあ、なにを話せばよいものか、一瞬、頭が白くなりました。ことによったら、天皇陛下や皇太子殿下を前にしたときより、心中うろたえていたかと思います。

　ご婚約の準備が進んでいると報道された少し後でしたので、まずは祝辞を述べ、少し落ち着いたところで、エルサルバドルの印象やご訪問時のエピソードなどをうかがいました。

　眞子様は、エルサルバドルが誇る芸術家（画家、民芸品作家）のフェルナンド・ジョルト氏の工房をご訪問されたこと、エルサルバドル人は非常に親日的で好印象を受けたこと、などをお話しになりました。私は、赴任するにあたって私の出身地である岐阜県・飛騨の春慶塗《しゅんけいぬり》、美濃の和傘をエルサルバドル政府関係者への贈り物にすること、いずれは古田肇《はじめ》岐阜県知事に岐阜県とエルサルバドルの間で芸術交流ができないか提案してみようと考えていること、などをお話ししました。すると眞子様は、９月に美濃市で開催される『国際陶磁器フェスティバル美濃』に出席するので岐阜県知事にも会うことになるだろうから、その際に私の話を伝えるとおっしゃってくださいました。

最初のうち、私はずいぶんぎこちなかったのでは、と今思えば冷や汗ものですが、眞子様がにこやかに応対してくださり、30分ほどの歓談は楽しく進みました。眞子様は話題も豊富で、ときにはご自分から話をリードされる場面もあり、優しく芯のしっかりした方だと感激いたしました。歓談終了後は玄関までお見送りしていただくなど、ご丁寧な対応を受け、私は眞子様のお人柄とご聡明さにすっかりファンになりました。

どうか、お幸せになっていただきたい、と心から思っております。

総理官邸訪問を終え、いよいよエルサルバドルへ

7月27日には総理官邸を訪問しました。官邸に入る際、エントランス前で待機している総理番のマスコミ記者に、氏名、勤務先、役職、訪問目的などを尋ねられます。新大使として安倍総理を表敬訪問するのだと答えて中に入ります。これが新聞の「首相動静」という記事に反映されるわけです。翌日、新聞で自分の名前を見てなにやらこそばゆい思いにとらわれました。

官邸では客間に通され、安倍総理大臣から激励のことばをもらい、記念写真を撮影しました。その後、菅義偉《すがよしひで》官房長官（当時）を表敬し、同じように写真撮影をしました。なお、天皇陛下、

皇后陛下、皇太子殿下、雅子妃殿下、眞子内親王殿下との写真撮影は通常、皇室の公式カメラマンがおこないますが、今回いずれの機会にも公式カメラマンが同席しておらず、記念写真がありません。少し残念です。

天皇皇后両陛下へのご拝謁、皇太子殿下、雅子妃殿下へのご接見、眞子内親王殿下、安倍総理、菅官房長官への表敬など、商社勤務時代には想像もしていませんでした。短時間ではあるものの、直接おことばを拝聴し、お話しすることで、大使としての重責をあらためて認識させられました。

どこに再就職しようか、と探していた9か月前にはまったく思いもしなかった状況に自分がいることの不思議を思いながら、いよいよエルサルバドルへと赴任する日がすぐそこに来ていました。

皇居正殿「松の間」。※出典：宮内庁ホームページ／https://www.kunaicho.go.jp/about/shisetsu/kokyo/kyuden-ph.html

サンチェス・セレン大統領（左）に天皇陛下からの信任状を奉呈する。奥にいるのはマルティネス外務大臣（いずれも赴任当時）
※出典：外務省ホームページ　在エルサルバドル日本国大使館公式サイト／https://www.sv.emb-japan.go.jp/itpr_es/00_000129.html

第二章

支持率低迷の政権とＯＤＡ案件「ラ・ウニオン港」

スーツケース2個、段ボール箱7個、ゴルフバッグとともに、単身赴任

２０１7年7月30日、いよいよ赴任の日。自宅に来たワゴンタイプのハイヤーに荷物10個を積みこみ、家族と別れて成田空港に向かいます。空港では外務省関係者が迎えてくれ荷物をハイヤーから降ろしチェックインカウンターまで運んでくれました。

エルサルバドルの首都サンサルバドルへは、アメリカン航空で向かいます。ダラスで乗り継ぎますが、実は成田からダラスまでは日本航空も飛んでいます。ですが、成田からアメリカン航空を利用したほうが総費用（ビジネスクラス利用）は安かったので、アメリカン航空で行くことになりました。民間人時代、外務省は原則、ナショナルフラッグを利用するのだろうと思っていましたが、実際は費用重視が原則でした。国民の税金を使っているのですから、それも当然だと思います。

引っ越し荷物はスーツケース2個、段ボール箱7個、ゴルフバッグの合計10個。趣味の写真撮影道具一式は自宅に置いておくことにしました。成田空港チェックインカウンターで機内預け荷物の超過料金を支払います。ダラス空港では荷物スルー、サンサルバドル空港で荷物をピックアップします。10個の荷物が無事にサンサルバドルで受け取れるか、少々心配でしたが、そこは運に任せるしかない。

この荷物の運搬費用に関する規定が、前職の商社と外務省では大違いでした。商社では赴任

時と帰国時の合計の貨物量が決められていて、運ぶ荷物には、航空便なら重量、船便ならサイズ（立方メートル単位）の上限があり、それを超過した場合は自己負担となります（単身赴任者と家族帯同者では上限が異なります）。金額制限ではありません。いっぽう外務省では、航空便、船便、機内預け超過手荷物を問わず、決まった金額が支給され、個人が荷物量に応じて輸送手段を選択する、という仕組でした。私の場合は、合計10個というそこまで多い量ではなかったので、超過手荷物を選択しました。航空便も検討しましたが、エルサルバドルでの通関の際に必要となる身分証明書や免税カードは取得までに最低1か月はかかり、その間、荷物は空港保管となり受け取れないということでしたので、機内預けで一気に運ぶことにしました。

成田から11時間半飛んでダラス着。ダラスでの乗り継ぎに5時間、ダラスからサンサルバドルまで4時間半。ほぼ丸1日かけてサンサルバドル（エルサルバドル国際空港）着は予定どおり19時でした。飛行機を降りると空港係員、大使館の次席、政務担当書記官と庶務担当が出迎えてくれていました。出発前には庶務担当ひとりが出迎えると聞いていたので夜にもかかわらず大使館から3人も来ていたのに驚きました。庶務担当は派遣員とも称され、大使も含めVIPの空港出迎えも業務のひとつで、空港係員がおこなう代理入国審査、荷物ピックアップ、代理手荷物検査に私の代わりに立ち会ってくれます。大使はVIP扱いとされるので、私は空港のＶＩＰ室に通され、そこでパスポートを係員に渡しました。15分くらいで諸手続が済み、入国印が捺《お》されたパスポートが戻ってきます。通関を終えた荷物はすでに大使車の運転手と身辺警護員が車に積みこんでくれていました。

空港はサンサルバドル市街の南、海（太平洋）の近くにあり、標高ゼロメートルです。ターミナルから外に出ると、いきなり蒸し暑い風が全身を包みます。懐かしい感覚に、中米に来たな、と実感しました。大使車には私と身辺警護員だけが乗り、出迎えてくれた3名は別の公用車で大使公邸へ向かいます。大使車には同乗しない決まりだとのこと。

夜間なので街のようすはよく見えませんが、空港から市街への道路はかなり整備されていて穴ぼこもなくスムースに運転できるようでした。渋滞もなく空港から40分ほどで大使公邸に着きました。公邸や大使館があるサンサルバドル市街は標高７００メートル、空港がある沿岸部のような蒸し暑さはなく快適な気候です。

公邸では大使館の他のメンバーも出迎えてくれ、手厚い歓迎をしてくれるものだと思いましたが、どうやら、公邸のレイアウト、安全指導、避難ルート、設備や什器備品などの説明をするのが目的のようでした。しかし申しわけないですが、丸１日かけた移動の後でもあり、まだ館員の名前も顔も定かでないなか、夜間にいちどきに大量の説明を受けても覚えきれません。けっきょく後日、あらためて時間を取ってもらいました。簡単な食材、石鹸、シャンプー、トイレットペーパーなど当面の必需品は、事前に大使館の官房班に依頼してそろえておいてもらいました。買い物に行くには自分で私有車を運転するつもりでしたが、身分証明書同様、エルサルバドルでの自動車運転免許取得には日数を要しますので、2～3日分の食材が準備されていたのは助かりました。当初、公邸料理人は常駐していませんでしたので、自炊生活です。

申し遅れましたが、エルサルバドルには単身赴任です。妻の帯同は必須条件ではないということだったので、いろいろ相談した結果、妻は日本に残ることにしました。商社時代も後半2回のメキシコ駐在は単身赴任、栃木でも単身赴任だったので、ひとり暮らしは慣れたものです。料理も得意なので不安はありませんでした。

ラテン系には珍しいまじめで勤勉な国民性

大使としての日々を書く前に、簡単にエルサルバドルの紹介をしておきます。

エルサルバドル共和国は北米大陸と南米大陸をつないでいる中米の中央やや北寄り、太平洋側に位置します。日本との時差は15時間（日本のほうが早い）。東、北、西の三方をホンジュラスとグアテマラに囲まれ、南で太平洋に接している、面積2万1千平方キロメートルほど、四国と同じくらいの小さな国です。中米諸国では唯一、カリブ海に面していません。人口は650万人ほどで、人口密度では全アメリカ大陸でも第1位（ちなみに四国は約385万人）。

人口の84パーセントをメスティーソ（白人とラテンアメリカ先住民双方の血を引く）が占め、約10パーセントがヨーロッパ系、先住民6パーセント弱、という人種構成です。これ以外に、アメリカ合衆国に約300万人のエルサルバドル人が居住しています。なお、エルサルバドルの在留邦人は約140名。エルサルバドル人はラテン系とは思えないほどまじめで勤勉です。労働集約的なきつい作業工程が多い企業でも離職率は年間1パーセント程度と非常によく働き、連帯感も強く、自己成長に前向きです。人なつこくて明るいところはラテン系ですが。さほど背は高くなく、成人の肥満率は26・9パーセントで中南米・カリブではメキシコ、アルゼンチン、チリなどに次いで第10位（世界では38位）。

国名は「サルバドル（Salvador）」と男性定冠詞「エル（El）」の組合せで「救世主」を意味します。首都の「サンサルバドル（San Salvador）」は聖人に対する冠詞「San（英語の saint）」がついて「聖救世主」という意味です。

乾季（10月～4月）と雨季（5月～9月）がある熱帯気候で、特に太平洋沿岸部は非常に蒸し暑い。冬はなく、雨季の6月～8月が夏、という感じです。

先述したように標高700メートルのサンサルバドル市街は、夏でも乾燥していて蒸し暑くなく過ごしやすい。それでも夏の昼間気温は30度を超え紫外線も強いです。またやや高地だけあって1日の寒暖差が激しく、朝夕はかなり冷えこみます。サンサルバドルと周辺を含めた都市圏には200万人ほどが居住しており、中米一の大都市です。

サンサルバドルをはじめエルサルバドル国内の都市はだいたい山の中腹に開けていて、街中には坂が多くどこからでも山が見えます。例外として東部地域にある国内第4の都市サンミゲル市は内陸・低地でもありそのぶん、非常に蒸し暑い街です。

街でも家でもさまざまなところで花を飾る文化があり、サンサルバドル市街ではブロックごとに花売りの屋台が出ています。国花であるマキリシュアットという中米原産の樹木がいたるところに植えられていて、10月から4月までの乾季になると、桜に似た濃いピンク色の花が街を彩ります。クリスマスシーズンには、商店、一般家屋、街路樹などにイルミネーションが飾られ、夜の風景は華やかです。

主要な産物はコーヒー、砂糖、カカオなど。軽工業の主力産品は繊維製品。

法定通貨は米ドルです（当時）。

スペイン植民地を経て1841年に独立し、長く軍事独裁政権がつづきましたが、1980年から激しい内戦状態に突入。1992年に国連の仲介で和平が実現しました。1994年に大統領選挙がおこなわれ、以降は選挙で選ばれた任期5年の大統領が政権を担っています。

昔から親日的な国家として知られ、戦後初めて日本の繊維企業が海外に工場を建設したのがエルサルバドルでした。めだった鉱物資源を持たない小国であることや戦後日本の経済復興を目標として教育制度の改革と輸出産業の育成に力を入れ「中米の日本」とも呼ばれています。1980年から1992年までの内戦時代には邦人の誘拐殺人事件が起き、大使館業務は停止し、日本企業も引きあげざるをえなかった状況でしたが、内戦終結後、大使館業務が再開し、日本とは良好な関係を保っています。近年、日本のアニメやフィギュアが大人気で、子どもでも「ありがとさん」といった日本語を知っています。

中米諸国域内では政治的にも重要な位置を占めておりSICA（中米統合機構）の本部はサンサルバドルに置かれています。まだ途上国の域を出ず、貧富の差も大きく地域によっては治安があまりよくないところもあり、「気ままに出歩かないように」と申しわたされてもいたので、在任中、観光地でもある旧市街にはプライベートでは出かけられませんでした。

到着翌日、初公式業務は外務省政務官への便宜供与

エルサルバドルへの到着の翌日、さっそく公式業務が待っていました。日本の外務省政務官（国会議員）がエルサルバドルの隣国ホンジュラスを訪問する手伝いです。ホンジュラスへはアメリカやメキシコからの直行便がなく、エルサルバドル経由でホンジュラスに入り、戻りもエルサルバドル経由でアメリカに向かうことになっていました。政務官の場合、大使が空港で乗り継ぎの世話をすることになっています。これが研修のとき話題にした「便宜供与」と呼ば

れる業務です。

公邸で一夜を過ごした後、迎えに来た大使車に乗って昨日自分が降りたった空港に向かいます。昨日は出迎えられる側でしたが、一夜明けたら出迎える側です。昨日は案内されたＶＩＰ室に今日は政務官を案内しました。2時間の乗り継ぎ待ちでしたが、エルサルバドルについて進講していると、政務官から少しでもエルサルバドルのようすを実地で見たいという要望があり、急遽《きゅうきょ》空港近くのオロクイタ村へ行くことになりました。

この村は「ププサ」という、トウモロコシ粉の生地で豆のペーストや肉、チーズなどを包んで平たく伸ばし鉄板で焼いた伝統料理で有名な村です。信州の「おやき」をもう少し平べったくした印象です。道に沿ってトタン板を何枚も連ねた一枚屋根の下に、屋台が10数軒立ち並んでいます。かなり恰幅のよい年配女性が子どもか孫をおぶって鉄板の上でププサを焼いていきます。その煙と匂いが充満していて食欲をそそります。

政務官はひとつ購入すると自分の秘書と分けて味を確かめていました。とんぼ帰りでホンジュラス行きのフライトにぎりぎり間に合いましたが、この便宜供与が大使としての初仕事でした。

ププサは日本ではほとんど見かけませんが、なかなか美味しく、日本人の好みにも合うのではと思います。のちに、このププサとお好み焼きで日エ文化交流ができないか（たがいの具を入れ替えて楽しむとか）とひそかに考えてみたのですが、うまい機会が作れず果たせませんでした。小さな心残りのひとつです。

最初の大仕事は大統領への信任状奉呈

特命全権大使として最初の「大仕事」は、天皇陛下から任国大統領宛の信任状の奉呈です。

これは、「日本国政府が私を大統領閣下の下に駐箚する特命全権大使として選任した、本書をもってこれを認証する。全幅の信用を賜るよう要請する」という書状です。天皇陛下、安倍総理が不在だったので内閣総理大臣臨時代理国務大臣の麻生太郎大臣（当時）、岸田外務大臣、がそれぞれ署名されていました。信任状は日本語で書かれており、大使館でスペイン語の翻訳をつけて、大統領に奉呈します。7月11日付けで発出され、私の外務省登庁の最終日に受け取りました。外務省の担当者からは「樋口大使、赴任時に信任状を持参することを忘れないでくださいね」とリマインドされました。受け取った信任状は封印されていて大統領に奉呈する日まで開けられません。当然ですが、機内持ちこみ鞄に入れて私自身の手でエルサルバドルまで運び、大使館に着任後は、金庫に厳重に保管しました。

大統領にこの信任状を手交《しゅこう》する（渡す）までは大使としての外交活動が制限されます。しかし信任状の写しを任国の外務大臣に直接手交することで他国の外交団との接触は可能になります。また、大使の身分証明書や運転免許証、ウィーン条約で定められた外交官の税金免除カードなどの申請手続、銀行口座開設の申込みなども開始できるようになります。ただ、証明書やカードの類の取得にはだいたい1か月ほどかかります。

大統領への信任状奉呈は数か月待たされることもある、と聞いていましたが幸い着任後3週間、2017年8月21日には大統領と面会し信任状を直接手交することができました。奉呈には国際的に取り決められた儀式があり、大層ものものしいものでした。

まず大統領の儀典部隊が大使を迎えに公邸までやってきます。その車に乗りパトカーの先導で大統領官邸に向かいます。官邸ではレッドカーペットが敷かれた階段を上り、出迎えてくれた外務省儀典局長とともに儀典部隊が演奏する両国国歌を聴きます。それから大統領応接室に案内され、大統領と対面です。応接室にはサンチェス・セレン大統領とマルティネス外務大臣(ともに当時)が待っています。挨拶を交わし、信任状を渡して天皇陛下からのおことばを伝え、大統領からは日本との友好関係の拡大とエルサルバドルの経済発展のための開発協力を引きつづき頼みたいというおことばを承りました。

こうして大使として任国から正式に認証されたという事実と大統領からのおことばを、日本の外務省に伝えることが大使の重要な仕事です。

信任状の奉呈後は、それまで制限されていたエルサルバドル政府の要人や官僚たちとのコンタクトも可能になり、いよいよ公式に大使としての対外活動が始まります。

人材はいるが、支持率低迷のサンチェス・セレン政権

さて、まずは私が大使として最初に向き合った、サンチェス・セレン政権について書いていきます。私が着任したときは、FMLN党（ファラブンド・マルチ民族解放戦線）が議会与党で、2期目の政権を担当しており、サルバドール・サンチェス・セレン氏が大統領でした。FMLN党は1980年に左翼ゲリラ組織として誕生し、内戦終結後、合法政党として選挙に参加した左派組織です。右派政党ARENA（民族主義共和同盟）と並ぶ2大政党で、2009年から政権を担っていました。

サンチェス・セレン大統領は1944年生まれで当時73歳。教員からFMLNに身を投じ銃をとって内戦を戦った元ゲリラ戦士です。2009年から副大統領を務め、2014年の大統領選挙で当選しました。元戦士といってもすでに角《かど》も取れ、温厚でおとなしい印象でした。自身が強烈なリーダーシップを発揮するタイプではなく、FMLN党首のメダルド・ゴンサレス氏の意に沿って動いているようでした。対外的にもさほどめだたず、外遊もほとんどしない。ことばは悪いですが、党首の操り人形的に見られていたといって過言ではない。

大統領に信任状を奉呈してから、まずは政府の各閣僚を表敬訪問し、私の自己紹介とともに、

日本とエルサルバドルとの友好関係の継続拡大のために開発協力や投資誘致支援、文化交流などに努め、ウインウインの関係作りをしたいと申しいれました。どの大臣も同じ考えで快く私を受けいれてくれました。大統領同様、多くが元ゲリラ戦士と聞いていましたので、面談の前は緊張しましたが、皆さんまったく強面《こわもて》ではなく、すっかり政治家の顔になっており、課題と対策をよく認識していました。

ただ、政権自体はなかなか新しいプロジェクトを進められず、経済開発戦略に乏しいという理由で国内外の民間企業からの評価は低く、官民の信頼関係が構築されていない状況でした。財政均衡を守りたい、すでに多額な公的債務をこれ以上増やせない、という背景もあり公共事業にはなかなか手をつけられず、したがって国民の生活も向上せず、治安もまた改善されないという悪いサイクルに陥っており、政権の支持率は低迷していました。

この国では、SETEPLAN（大統領府技術開発計画庁）と呼ばれる組織が経済計画担当で、経済発展のための戦略構築をおこない、経済省がそれを実行するという仕組でした。SETEPLANのロレンサーナ長官（その機能から大使館では「官房長官」と呼んでいます）とは、日本政府の開発協力案件として完成したラ・ウニオン港の運営問題、東部地域開発計画、投資誘致戦略、人材育成支援などについて頻繁に率直に意見交換しました。公邸にも複数回招待して食事をしながら議論もしました。

私なりにエルサルバドルの経済・産業の強み、弱み、機会と脅威などの情報を収集分析し、現場視察もくり返して経済発展のための戦略考察をまとめ、投資戦略と人材育成戦略に関する持論もあわせて彼に提案しました。官房長官は大変興味を示し、その結果、2018年1月、大統領府で開かれる経済閣僚会議に招かれ、副大統領、官房長官、経済大臣、財務大臣、公共事業大臣、環境大臣、中銀（中央銀行）総裁、PROESA総裁、CONAMYPE（国家小零細企業庁）長官、外務次官など、錚々《そうそう》たるメンバーの前でプレゼンすることになりました。関係大臣からは一様に賛同の意をもらい、その後は誰とも話しやすくなりましたし、日本からの訪問者とのアポもスムースに取れるようになりました。

ただ残念ながら、このとき1年後に大統領選挙が控えており、半年後には選挙活動が本格化したため、この政権下では具体的な進展がありませんでした。

大臣たちの横顔1――有能な外務大臣、日本贔屓《びいき》の公共事業大臣

この人は有能だ、と感じたのはスリムな体格のウゴ・マルティネス外務大臣です。閣僚の中で彼だけが英語を流暢に話しました。人あたりもよく、相手の話をよく聞いたうえで自分の意見を述べる、尊敬できる大臣でした。日本食が大好きで、サンサルバドル市に数軒しかない日本食レストランでよく見かけました。その影響か、高校生の息子さんが独学で日本語を勉強し、

日本に留学したいと希望していました。そこで雛祭りの時期には雛人形を公邸に飾るので外務大臣家族を招待し、日本文化を解説しました。マルティネス大臣は、次期大統領選にサンチェス・セレン大統領の後継候補としてFMLN党から出馬することになり、2018年5月に辞職しました。大統領選については後述しますが、ここまでのFMLN政権の失政がたたり、マルティネス候補は敗北します。もし政党が違えば、もし大統領になれていれば、もっと業績を挙げられたのではないか、と考えたくなる人材でした。

ヘルソン・マルティネス公共事業大臣もFMLN党員でしたが、日本政府の開発協力の関係で数回訪日していて日本贔屓の人でした。東日本大震災後に仙台を訪問していて自然災害の脅威と対策について特に深い関心を持っていました。もともとは詩人だそうで、広島、富士山、仙台、桜など日本に関する詩を100編書いていて、その原稿をもらいました。スペイン語の詩はかなり難しく理解するのに苦労しましたが、素晴らしい内容でした。

彼は、公共事業大臣として経済発展のためにはとにかく道路インフラを強化することが必要という信念を持っていて、全国の道路整備に力を入れていました。幹線道路がきれいに整備されているのはもちろん、僻地《へきち》の小さな集落の道路さえ舗装化が進んでいました。後述する草の根協力案件のために地方に何度も出向きましたが、どこに行っても、山奥でも道路が舗装されているのは驚きでした。後にFMLN党の大統領候補を目指して大臣を辞任しましたが、党大会で敗れ大統領候補には選出されませんでした。私は彼とは個人的にずっとよい関係を保っていました。

大臣たちの横顔2――フランクで行動的な環境大臣、銀行出身の若い財務大臣

リナ・ボール環境大臣は党員ではなく民間出身の女性。環境問題の専門家であり、気さくで行動力もあり話しやすい、恰幅のよい大臣でした。エルサルバドルは日本同様に地震国であり、日本から地震観測装置、気象予報技術、水質調査器具など環境に関わる各種の無償協力をおこなっているため頻繁にコンタクトを取る大臣で、自身、訪日経験もありました。専門家だけに環境に関する話題が詳細すぎて困ることもありましたが、愚痴めいた話も気軽にしてくれる、フランクな性格でした。個人的な話ですが、私同様、愛煙家だったので、彼女との会合はしばしば休憩時間をはさみ、そのたびに喫煙につきあわされました。その際、私が持っていた日本製の樹脂製携帯灰皿を珍しがっていたので、新品をプレゼントしたりもしました。日本大使館が開催するレセプションには毎回参加してくれ、公邸会食会にも何度も招待するなど、よい関係を築けたと思います。根っからの政治家ではなく民間出身だけあって、判断も行動も早く、こちらの要望や約束はすぐに対応、実行してくれて、驚きと同時にありがたく感じました。

財務大臣は、途中で交代し、銀行出身の若いネルソン・フエンテス氏が抜擢されました。民

間出身でもあり話がわかりやすい人のひとりでした。

エルサルバドルの法定通貨は米ドルとサルバドール・コロンです。しかし2001年に米ドルに通貨が一本化され、この当時コロンはまったく流通していませんでした。私は、インフレ抑制のため安定通貨である米ドルを使う意味はわかるが、経済成長のためには紙幣の発行ができるコロンを復活させるべきではないか、などメリットデメリットについてフエンテス大臣と何度も話しましたが、今さら戻れない、というのが彼の結論でした。

当時、開発協力資金である円借款の返済は滞りなく進んでいましたが、エルサルバドルの公的債務はGDPの90パーセントまで膨らみ、国家の返済能力を疑問視する動きが強まっていました。これ以上の新規借り入れはできない、というフエンテス大臣の主張もわからなくはありませんでしたが、借り入れしない、ということは資金不足で公共事業も各種投資も進まず、経済発展はなかなかできないということです。負のスパイラルに落ちこんでいる国家の運営は難しい、と痛感しながら、日本として役に立てることはなにか、と大使として模索する日々がつづきました。

なお、私の離任後、次期政権によって2021年6月、暗号通貨ビットコイン（BTC）が法定通貨に加えられましたが、流通や運用の実態はよくわかりません。IMF（国際通貨基金）からは、法定通貨からはずすよう要請されているように、今後のなりゆきも不透明です。

余談ですが、エルサルバドルでは1ドル硬貨が流通しています。日本の500円硬貨よりやや大きい黄銅色の硬貨です。2001年の法定通貨一本化の際にアメリカから1ドル硬貨が大量に輸入されそれがいまだに流通しているというわけです。アメリカ国内の店ではもう受け取ってもらえない硬貨（銀行では1ドル紙幣に替えてもらえます）ですが、エルサルバドルでは立派な現役です。ゴルフのマーカーに使えるかなと思い、日本に数枚持ち帰ってきましたが、ときおり眺めるとエルサルバドルでの日々が思い出されます。

「外交団」――各国大使も「外交」の相手

「外交」はエルサルバドル政府や民間の有力者たちだけでなく、私と同じようにエルサルバドルに駐在している各国の大使たちとの間でも展開されます。

エルサルバドルは130数か国と外交関係を結んでいますが、エルサルバドルに大使館を置いている国は南米8か国、中米カリブが9か国、日本、米国、カナダ、スペイン、英国、ドイツ、イタリア、フランス、EU（欧州連合）、韓国、パレスチナ、台湾（のちに中国＝中華人民共和国に代わる）、そしてローマ教皇庁（バチカン）の合計30か国でした。この30か国の大使たち（と大使館の本官＝外交官たちも含めて）をまとめて「外交団」と呼びます。

歴史的に教皇庁大使が外交団の会長を務めることになっています。新任大使は外交団規則にのっとって他国大使を訪問する必要があり、私もすべての大使を訪問して記念写真を撮り、会話の内容も含めて本官と情報を共有しました。他国大使からはそれぞれ本国から派遣された外交官の人数、ナショナルスタッフ（以降NSと呼びます）の人数、エルサルバドルに進出しているおもな企業、開発協力案件概要、外交の基本方針といった情報を聞いて各国大使一覧表というリストにまとめ、これも本官たちと共有しました。

この表敬訪問ですが、通常、大使ひとりで訪問することになっていて本官は同行しません。ただ、私の前任から3代前までの日本大使は外務省生えぬきのキャリア官僚でしたがスペイン語圏での外交官経験がなく、英語あるいはスペイン語の通訳を連れて各国大使に表敬訪問したと聞いています。私が着任後、中南米の大使たちを表敬訪問してスペイン語で話を始めると彼らは嬉しそうに対応してくれました。米国、カナダ、英国の大使には英語でもいいのですが、彼ら自身がスペイン語を流暢に話すことに加え彼らだけが母国語で話すのは公平を欠くという配慮からか、最初からスペイン語での会話になりました。ただ、30か国中、韓国大使だけはスペイン語ができなかったので、英語で会話しました。

余談ですが各国大使のスペイン語はそれぞれクセがあり、おもしろく感じました。ウルグアイでの駐在経験が長い米国大使のスペイン語にはウルグアイ特有のアクセントがあり、ドミニカ共和国大使はカリブ海アクセントが強く少し会話に苦労しました。また本家本元のスペイン大使のスペイン語は、アクセントも単語も異なっている部分が多く（いや、そちらがオリジナルなのですが）、興味深かったです。前述したように、私は大学でスペイン語を学びましたが、その後メキシコに留学、商社時代も長くメキシコに駐在しました。ですから私のスペイン語もすっかりメキシコ仕様になっていたので、本場のスペイン語はかなり違うのだということを再認識しました。

私が着任した時期は女性大使も多く、米国、カナダ、キューバ、ニカラグア、コスタリカ、ベネズエラ、チリ、台湾、コロンビアの９名。大使の30パーセントを占めていました。

政府と国際機関、各国大使との意見交換の場、月1回の「朝食会議」

毎月１回、教皇庁大使館で各国大使または代理が出席し、政府要人や国際機関代表などと意見交換する朝食会議が開かれます。20メートルはある長いテーブルを囲んで奥の会長席の隣に招待者、副会長、秘書役の大使が座り、あとは自由に着席するスタイルでした。使用言語はスペイン語。面倒見のよい秘書役のコロンビア大使から、私がスペイン語をよく理解できるよう彼が補足説明するので自分の横に座れと言われ、それからずっと私の席はコロンビア大使の隣になりました。米国大使は招待者によって出欠を決めているらしく毎回は出席せず、韓国大使はことばの問題もあってほとんど出席しませんでした。

この朝食会議は、招待者がその日の議題、懸案事項についてプレゼンしてそれに対して各大使が質問や意見を出す、という形式でしたが、口火を切るのはだいたいスペイン大使、パナマ大使、チリ大使で、その後、EU大使（スペイン人）、私、イタリア大使、という順で発言することが多かったと記憶しています。招待者は、ひとつの質問や意見にすぐ答えるのではなく4名分聞いてからまとめて回答します。他国の大使はスペイン語が母国語である人が多く、キャリア外交官でもあるからか、前置きや説明が長くてまわりくどく、結論を最後に話します。

私だけは、商社時代からの習慣で結論を最初に話すうえ、母国語ではないので婉曲な言いまわしもしないため、遠慮なくズケズケとしゃべる大使だと見られていたようです。外交の場では率直な表現ではなく遠慮ぎみにオブラートに包んで話をするのが普通なのかなと思いましたが、私の話しかたのほうがわかりやすいと言ってくれる招待者もいたので、最後まで同じスタイルで通しました。やがて他国大使もエルサルバドルの政治経済や産業について、ビジネス経験を積んだ民間企業出身者としての意見をストレートに私に求めるようになったので、まあ問題はなかったのだろうと思います。

着任して3年目に教皇庁大使（会長）から要請されて外交団の副会長に就任し、会長である教皇庁大使や秘書役の大使とともに、外交団の活動方針や外交団としてエルサルバドル政府に要望する事案などについていろいろ議論することになりました。
たぶん、他国の大使とはわりといい関係を構築できたのではないか、と思っています。朝食会議以外の他国大使との交流については後半であらためて書きます。

中国との国交樹立で雲行きあやしげ

エルサルバドルでの大使としての日々を語るにあたって、3年3か月の在任期間を通して最大の問題となった「中国の影」と「ラ・ウニオン港問題」の発端をまずご説明します。のちほど顛末《てんまつ》をつづりますが、私がエルサルバドルで直面した難事の基となる状況だけ先に記しておきます。

私の着任前から大使館が注視していたのが中国（中華人民共和国）の動静でした。私の着任時、エルサルバドルは台湾（中華民国）と国交を結んでおり、中国とは外交関係を持っていませんでした。しかし、中国は経済支援とセットで中米諸国に国交樹立を求めており、これに応じる動きが強まってきていたのです。「ひとつの中国」を掲げる中国との国交樹立は即、台湾との断交を意味します。

まず2017年8月にパナマ共和国が台湾と断交して中国と国交を結びました。エルサルバドルもそれにつづくのではないか、という情報に2018年2月ごろ接し、注意を払っていました。

同年の春ごろから、日本の円借款を用いて建設されたラ・ウニオン港の民間による運営や東部地域経済開発特区設置に向けた動きに中国が関与する可能性が取りざたされるようにもなりました。

そうした情勢下、同年5月、ドミニカ共和国も中国との国交樹立を決めます。その後、8月21日には正式にエルサルバドルと中国の外交関係樹立が発表されました。

中米諸国、カリブ海諸国は「米国の庭先」という表現をされます。距離的に近い中米・カリブに他国の影響力が強く及ぶことを米国は喜びません。エルサルバドルはカリブ海に面してはいませんが、米国との物理的距離が近く庭先の一部であることは変わりありません。過去、米国が中米・カリブ諸国の政争、内戦に積極的に介入していたのは周知の事実です。エルサルバドル内戦の際も、米国は親米政権を援助していました。ただ最近では国内外から激しい非難を浴びることもあって、武力行使や政治的介入も控えており、影響力は20世紀に比べれば弱まっています。そこを突いて、中国が中米・カリブ諸国に攻勢をかけているわけで、この一連の動きも、米国の影響力低下と中国の勢力拡大をよく物語っています。

台湾大使館の閉鎖と台湾大使の退去

エルサルバドルと中国の外交関係樹立後の10月末、サンチェス・セレン大統領が中国を訪問し、1億5千万ドルの無償援助案件の覚書に署名しました。もっとも、この無償援助は使途が明確にはなっていませんでした。援助額の多寡で中国を選んだのが明確な一件でしたが、不人気なFMLN党政権としては、来たる大統領選挙に向けて多額の無償援助を得たという実績を作りたかったのだろうとも思います。

1972年に日本は中国と国交を結び、台湾とは外交的には断交しています。したがって、在エルサルバドル日本大使館と在エルサルバドル台湾大使館とは交流がありません。

話はそれますが、私は、商社時代に台湾の自動車部品会社と中国で合弁事業をおこなった経験があります。台湾側の経営思想は日本とよく似ているうえ、英語も日本語も話せる人材も多く、非常にやりやすく感じていました。中国に投資するなら、台湾企業と組んで進出すべし、というのが私の持論です。

エルサルバドルと中国の国交が樹立されてから3日以内に、台湾大使は国外に退去しなければなりませんでした。台湾大使館は閉鎖され、備品、書類などはすべて処分、売却されたと後から知りました。なお、台湾大使がエルサルバドルを去る日には、おおぜいのエルサルバドル人が空港に集まり、悲しみとともに見送りをしているようすが新聞で報道されていました。

日本から112億円のODA

前々節でちらっと書いた「ラ・ウニオン港」とは、日本の政府開発援助（ODA）として円借款資金を使って、エルサルバドルの東部ラ・ウニオン県に作られた港です。

着任後早々、この港について開発協力班の、問題意識の高い本官から説明を受けました。

2001年、円借款の交換公文（公文書書簡の交換によって成立する国家間の約束）が締結され、円借款資金約112億円とエルサルバドル政府資金が投入され、ホンジュラスとニカラグアに面するフォンセカ湾で建設が始まり、2008年に完成。コンテナの積み降ろしができる本格的な港で、中米のハブ港を目指して作られたが、現在、ほとんど利活用されていない。ただ、政府からは借款の金利支払はおこなわれており、最近は元本の返済も始まっている、という話でした。

まず、港がなぜ運用されていないのか、なにが問題なのか、を本官と手わけして資料を読みこみ、関係するCEPA（空港・港湾運営委員会）総裁、元CEPA職員、および中南米でも有数のシンクタンクである政府系のFUSADES（エルサルバドル経済社会開発財団）を中心にエルサルバドル経済界の大物とも情報交換しつつ、原因分析と打開策の検討を始めました。この問題は私の3年3か月の在任中、最大の懸案事項であり、現在も継続中の課題となっています。

ラ・ウニオン港がある東部地域は、内戦の傷がもっとも深かった地域で、治安も悪く、米国への不法移民がもっとも多いとされています。米国に移住した家族からの送金が一世帯あたり月平均1千500ドルあり、それで生活がまかなえるので住民の労働意欲は低く、社会インフラも十分整備されていない地域です。付けくわえて言えば、東部地域にかぎらず、エルサルバドル全体で、米国へ移住（合法、不法を問わず）した家族からエルサルバドルの家族へ送金されるドルは相当な額に上っており、その仕送りで生計をたてている人びとはかなりの数になります。先に書いた、私の離任後に法定通貨にビットコインが加わったのも、米国からの仕送りが受け取りやすい（手数料がかからない）からだと言われています。なお、1年間にエルサルバドルに入ってくる家族送金額は約55億ドルでエルサルバドルの対外輸出金額の59億ドル（2019年の数字）とほぼ同額です。

また、東部地域はエルサルバドル国内でも特に、一年中非常に暑い地域でもあります。

このような悪条件が重なっているため、国内企業は東部地域への投資には関心が低く、もっぱら産業基盤が整っている西部地域に投資しています。私が話を聞いた国内企業・団体の幹部たちの間では「（日本も協力している）東部地域開発は政府戦略でもあり、外国企業を誘致しておこなえばよい。農業についてはニカラグアからの出稼ぎ労働者が主体となっているので、彼らにやらせておけばよい」という意見が主流のようでした。

この東部地域の開発は米国の関心事でもあります。この地域の産業開発が進みラ・ウニオン港が活性化すれば、雇用の創出と住民の定住化をもたらすはず。それが米国への不法移民の削減につながるというのが米国の思惑です。そこで米国大使とも協働して、日本と米国は東部開発と港の活用についてなにができるか、と何度も検討し、意見を交換しました。

しかし、政府主導、日米など諸外国主導、民間主導、いずれの形でも、有効な施策はなかなか実現せず、東部地域開発もラ・ウニオン港活性化も進展を見ない状態がつづいていました。内外のメディアからも、港の現況を問題視する報道がなされ、ラ・ウニオン港の地理的ハンディや設備、管理体制の問題も報じられていました。

東部地域の主たる産業は、砂糖と乳製品程度で、しかも土地面積が狭いため生産量が少ない。産業は農工業ともに西部地域に集中しており、そちらにはアカフトラ港という主要港がある。ただ、アカフトラ港は波が高くコンテナ船の入港にはよい港とはいえないため、ラ・ウニオン港をコンテナ船専用港として、すべてのコンテナ船を入港させる、というのが当初の計画だったようです。しかし消費地に近いアカフトラ港も利用したいという国内企業の要望も強く、アカフトラ港は政府機関であるＣＥＰＡが運営していて組合も強いという事情もあり、けっきょくはアカフトラ港にも従来どおりコンテナ船を入港させると方針が変更されました。そうなっては、ラ・ウニオン港にコンテナ船が入ってくるわけはありません。またラ・ウニオン港の運営は国際入札に基づき民間企業に任せるというのが計画の前提でしたが、けっきょく手を挙げる企業はなくCEPAが暫定的に運営しています。それでは、現状それなりに稼働しているアカフトラ港の運営をCEPAが重視するのも無理からぬことです。

そもそも、このラ・ウニオン港建設は、ARENA党政権時代に決定進行したもので、プロジェクト発足時には将来の輸入品と貨物量、内陸物流網の整備、輸出商品開発にともなう産業育成、といったさまざまな案件の計画が立てられていました。しかし港の完成直後、2009年にFMLN党が政権を奪取します。FMLN党の新政権はラ・ウニオン港プロジェクトをよく理解しておらず、そのため港の完成後に関する計画がほとんど実行に移されず、結果として「使われない港」と化してしまったこともわかりました。

ラ・ウニオン港に未来はあるのか?

着任後すぐラ・ウニオン港の問題を認識し、早めに現地を視察したかったのですが、なかなか果たせず、ようやく2018年6月に開発協力班の本官とともに現地調査をおこないました。東部地域は治安が悪いため宿泊をともなう出張は禁止されています。そのため早朝サンサルバドルを車で出発し、4時間ほどかけてラ・ウニオン港に着きました。

まず港近くにある、現在は空軍が利用している小さな空港に立ちよりました。事前に許可を得て滑走路を車で走りましたが、滑走路はフラットでなく舗装状態もよくない、さらに管制塔もない空港でした。ラ・ウニオン港が発展するためには近くに貨物空港が必要ですが、この空港を転用するとしたら、かなり拡張整備が必要だろうと感じました。

そのあと港周辺で唯一のホテルのレストランで食事を摂り、港に向かいました。このホテルは開港で人が集まることを期待して建設されたとのことで、きちんとメンテナンスされていましたが、宿泊客はほとんどいないようでした。

港では暫定的に管理運営しているCEPA職員が出迎えてくれ、事務所で説明を受けました。税関所、貨物保管スペース、トレーラーの駐車場などの設備は整っていましたが、貨物もトレーラーも数は少なく、宝の持ち腐れ感が強い施設でした。設備の中では唯一、貨物を上げ下ろしするガントリークレーンが設置されていないのが気になりました。

クレーンは港の運営を落札する企業が投資として設置することになっていると説明を受けましたが、調べてみると、当初はクレーンを設置する予定だったのに建設途中で港の仕様変更のため資金不足となり、運営企業の負担に切り替えられたことがわかりました。

港にガントリークレーンがないと、クレーンを備えていないコンテナ船は接岸して直接コンテナを積み降ろしすることができません。やはりガントリークレーンを持たない西部地域のアカフトラ港では、メキシコ西海岸から大型コンテナ船が積んできたコンテナや貨物がいったんクレーンを備えた中規模船に積み替えられ、その船のクレーンを使って港に荷降ろしされていました。ラ・ウニオン港でも同じ作業が必要になりますが、同じ手間をかけるなら、ほとんどの荷物の最終目的地に近いアカフトラ港が使われるに決まっています。ラ・ウニオン港は、クレーンを備えている船しか直接の積み降ろしができない、というアカフトラ港と同じ弱点をわざわざ抱えてしまったのです。この港の運営を引き受ける民間企業は、まず巨額の投資をしてガントリークレーンを据えつけねばなりません。閑古鳥が鳴いている港に、です。そんな民間企業が出てきてくれるでしょうか。

港周辺の企業はというと、港の北側には小さな漁船を修理する工場とスペイン企業のツナ缶製造会社が操業しているくらい。南側には海軍基地があります。

ラ・ウニオン市には、港で働くための職業訓練校が日本の援助で建てられています。ただ、港に必要な人員の求人数はまだ多くはないので、ホテルやレストランでの仕事に就く人材の養成コースが併設され、そちらで訓練を受けている生徒もいました。

日帰りしなければならないため駆け足の現地調査でしたが、はたして現状打開策はあるのか、と暗く重い気持ちを抱えながらの4時間の帰り道は、長かった。

その後、2017年末までは、さまざまな民間団体、CEPA、米国大使などと打合せを重ねましたが、そのたびに東部地域での産業興隆とラ・ウニオン港の活性化という構想に悲観的な思いを持たざるをえませんでした。ラ・ウニオン港を利用したエルサルバドルへの輸入や輸出は、現状その貨物量があまりに少ない。そのため港の運営投資をしても採算に見合わないことは明白でした。

活性化の切り札は「ドライキャナル」建設？

港を活性化させ採算性が生じるよう転換させるには、太平洋に面したラ・ウニオン港から大西洋に面した隣国ホンジュラスのコルテス港までを陸送でつなぐ「ドライキャナル（Dry Canal／乾いた運河）」と呼ばれる大規模輸送路を建設することが望ましいと私は考えています。米国東部市場やカリブ市場、ヨーロッパ市場向けに、パナマ運河に代わるドライキャナルを作る。そして、そのトランジット港の役目を担うことを主目的にラ・ウニオン港を設計しなおすべきでしょう。２０１６年に拡張工事をおこなったとはいえパナマ運河の船舶通行量は飽和状態に近く、大西洋と太平洋をつなぐ新たな物流ルート開拓が国際的に求められています。ニカラグアが中国資本と合弁で計画していたニカラグア運河建設も立ち消えになった現状、陸送でもルートさえ作れば、大きな需要が見こめることは間違いない。そのためには、エルサルバドル側でラ・ウニオン市とエルアマティィージョ市（ホンジュラスとの国境）の間の道路を現在の往復2車線道路から4車線に拡大することが不可欠です。すでにホンジュラス側には4車線道路が整備されており、エルサルバドルが道路を整備すれば、すぐに大西洋と太平洋をつなぐドライキャナルが実現します。

エルサルバドル国内で需要を開拓するより、ドライキャナル建設で国際的に需要を創出することが、ラ・ウニオン港活用の最適手段だと私は考えます。また、ドライキャナルのハブ港としてラ・ウニオン港が発展すれば、港湾周囲ならびにドライキャナルが貫く東部地域全体に新しい産業需要も必ず発生します。一気に東部地域全体が発展するはずです。

かつてIDB（米州開発銀行）がこのドライキャナル用道路建設の融資を2度、エルサルバドル政府に提案しましたが、財務健全性の観点から限度を超えた海外からの融資は受けられないとサンチェス・セレン政権時代の国会では承認されず、道路拡張計画も棚上げになっていま す。私も在任中、この構想を政府、民間の有力者に話したのですが、進展はありませんでした。残念でなりません。東部地域開発の切り札だと思うのですが。

やがて、このラ・ウニオン港問題に、エルサルバドルと国交を樹立した中国がからんできて、私は在任中さまざまな外交上の問題を処理せねばならなくなります。

ひとまず、着任後すぐの時点まで、時計の針を大きく戻します。

「外交」という初めての仕事に取り組む私が、まず直面したのは、大使館という初めての環境でした。日本の大使館なのに、「ここは異国か」とでも言いたくなるような、驚きととまどいの日々が始まります。

信任状奉呈式で大統領官邸に入る直前。儀典部隊（儀仗隊）による歓迎式典
※出典：外務省ホームページ　在エルサルバドル日本国大使館公式サイト／
https://www.sv.emb-japan.go.jp/itpr_es/00_000129.html

中米のハブ港を目指して日本からのODA112億円を投じて作られた、ラ・ウニオン港　写真提供：樋口和喜（以下、特記ない場合同じ）

第三章　私の常識は大使館の非常識？

大使館のオフィス風景

日本大使館は、サンサルバドル市北西部に位置するワールドトレードセンタービルの6階にあります。1フロア全部を大使館として使っています。2004年8月に賃貸契約で入りました。それまでは住宅地のサンベニートという地区の一軒家を借りあげて大使館にしていました。ワールドトレードセンターの横には高層ビルがあり、そこには韓国大使館、英国大使館、JICAが入居しています。

来訪者は、ビル1階の受付で手続をしてエレベーターで6階まで上がります。エレベーターのドアが開くと、日本大使館です。

エレベーターを降りた来訪者は、金属探知機を通って大使館の受付に向かいます。警備員は1階と大使館フロアに常駐しています。

大使館受付は待合スペースも兼ねていて10脚くらいの椅子が並んでいます。大使館内には大会議室と小会議室があり、大使との面談のための来訪者が大使室に入りきれない場合は大会議室で応対することもありました。現地採用スタッフであるNS（National Staff）は大部屋スタイルで机を並べていますが、「本官」（79ページ参照）の次席、書記官、領事班、官房班には個室が与えられています。大使を含め総勢27人のスタッフが働いています。

他にキッチン、倉庫もあります。広いテラスもついていました。大使館の昼食時間は1時間半あり昼食後、テラスでひと休みもできますが、日中は日差しも強くかなり暑いため、テラスに出る館員はほとんどいませんでした。

大使が執務する大使室の前には、大使秘書が陣取っています。私はドアを開放して常にコミュニケーションが取れるようにしました。

大使室は非常事態に備え、壁やドアには相当な厚みがありドアも重いです。ドアに近いところから順に打合せ用の6名分のテーブル、来訪者用のソファセットが置かれ、奥に大使のデスクがあります。2方向が窓ガラスに囲まれていて採光は抜群です。残る壁を絵画と書棚（書籍）が飾っていますが、至って質素なものです。ソファや机など備品にはかなりくたびれたものが多いですが、予算の関係上、贅沢はできません。来訪者には少々驚かれたかもしれませんが。

大使や書記官などはパソコンを2台所有しています。1台は外部とのメールや検索などで使用する通常のパソコンで、もう1台は専用線につながれています。この専用線は、本省への公電やマル秘メールを送信する際に使用します。

ワールドトレードセンターの下にはレストラン街があり和食、イタリアン、シーフード、ステーキハウス、ハンバーガーショップ、コーヒーショップに加え、世界各地の料理を提供するテイクアウトの店が8軒ほど並んでいて、昼食には苦労しませんでした。特にペルー料理は9ドルほどでしたがかなり美味しかったです。道路を隔てたところには台湾料理屋、3ブロック先に日本料理屋もありますので、食事情的にはかなり恵まれた立地でした。

大使公邸は大使館から車で7～8分の住宅地にあります。

他国の大使館や大使室を訪問する機会も多かったので簡単に比較します。中南米諸国の大使館は一軒家を賃借していますが、大使室は非常に質素で狭い部屋がほとんどでした。しかし米国大使館だけは別格で、自前で大きな建物を建設して大使館としており、200名以上の米国人のスタッフが常駐しています。大使公邸も同じ敷地内に建てています。

大使館の責務と組織。在エルサルバドル日本大使館は総勢27名

海外駐在時代の経験から覚悟はしていたのですが、大使館という職場は、想像以上にいろいろな意味で厳しい場所でした。もちろんやりがいも非常に大きいのですが、苦労も数々ありました。なにかの役には立つと思いますので、少々長くなりますが、書き記すことにします。

まず、大使館の責務と組織について説明します。なお、これ以降、エルサルバドル外務省と日本の外務省を区別するため、日本の外務省は「本省」と記載します。

赴任前研修で説明された大使館の基本的かつ重要な役割は「任国に対し日本の国際社会にお

ける発信への賛同を求め友好な外交関係を維持拡大することと任国の政治経済・社会情勢を観察し情報収集のうえ分析を加えて本省に報告すること」です。

そのため大使を筆頭にして大使館員は、任国政府の要人や現地有力者との人脈を形成して右の任に当たることが重要とされています。

大使館には、基本的に「政務班、経済班、開発協力班、広報・文化班、領事班」が設置され、さらに大使館庶務関係として「総務班、儀典班、会計班、通信班」が置かれています。大使の下には公使または参事官が「次席」として館内業務をまとめる役割を担います。日本から派遣された本省出身の外交官や庶務担当者、および外務省傘下の国際交流サービス協会から派遣された専門調査員や派遣員を、本書では便宜上「本官」と呼びます。

専門調査員と派遣員を除く本官は「外交官」です。外交官は外交関係に関するウィーン条約に基づき国際法上、特別の権利を持ち、いくつかの義務の免除を認められています。外交官の身体・個人的住居・書類・財産は不可侵とされ、抑留や拘禁はされず、刑事裁判権からも免除されています。またすべての賦課金や租税が免除されます。

なお大使館には本官以外にも現地採用のNSが働いていますが、彼らは外交官ではありません。彼らはほとんどがエルサルバドル人ですが、現地採用された日本人もいます。

日本大使館員27人の内訳は、大使と本官が9人、NSが18人でした。

大使と大使館の仕事あれこれ。けっこう忙しい？

大使館は日本と任国との政府間接触の窓口ですから、本省からさまざまな指示や指令が「大臣の訓令」という形で送られてきます。交渉に関する要求、政策協調への働きかけ、共同行動の申しいれ、日本政府の政策の通報と支持要請、国際情勢に関する情報・意見の交換などなど。こうした訓令を受け、大使は基本的に任国政府の大臣、副大臣レベルへ、大使館の次席や政務班長は任国外務省の局長以下へ、それぞれ働きかけをおこないます。

政府関係者のみならず任国の民間有力者や関係者、さらに他国の大使や外交官との間にも良好で友好的関係を築く必要もあります。加えてパブリック・ディプロマシー（広報文化外交）として任国国民に直接働きかけるのも大使館の業務です。これは年々重要な責務となっていて、広報・文化班が担当します。広報活動や講演会、メディアへの出演、新聞への投稿などを通じて日本の外交政策を理解してもらう、日本文化や社会事情の紹介などによって日本に対する好意的な世論や国民感情の醸成に努める、といった活動を展開しています。

日本は世界各国で開発協力を推進しています。まだ開発途上国であるエルサルバドルに対しては、円借款、無償援助、技術協力を推進し国家の安定と発展に貢献しようとしています。JＩＣＡが窓口となり大使館と連携してエルサルバドル政府や本省と折衝しますが、これは開発協力班の担当。開発協力に加え、日本企業の投資誘致も経済協力の大きな役割のひとつです。

こちらは、経済情報の発信や日本企業のエルサルバドルでのビジネス支援と合わせ、経済班が担当します。

在留邦人や旅行者など日本国民の生命と財産を守りその権利を擁護することは大使館の重要な任務です。これは領事班の担当。パスポートの紛失・盗難、さまざまな事故、犯罪テロ事件への対処はもちろん、無許可で180日以上滞在している邦人の擁護と国外退去の手助けもおこないます。通常業務としてパスポートの更新や在留証明書など各種証明書の発行もします。また地震や洪水など自然災害後の邦人の安全確認、治安状況の発信も担当します。COVID−19（新型コロナウィルス感染症）の感染流行が始まってからは、領事メール（在留邦人や日本企業への注意喚起）、大使館ホームページを活用して各種の情報提供もおこないました。

大使館ではさまざまなレセプションが開かれますが、総務班がとりまとめます。もっとも重要とされるのは、天皇誕生日祝賀レセプション（227ページ参照）です。

「応援出張」という業務もあります。総理大臣や外務大臣など日本政府の要人が訪問外交をおこなうにあたり、当該国の大使館員のみでは人手が足りない事態がよく起こります。そういう場合はだいたい、本省から在他国の日本大使館に応援出張を要請します。中南米地域への応援出張要請は同じスペイン語圏でもあり、もちろん対応しますが、安倍総理の時代には訪問外交を積極的に展開していたので、欧州、中東などへの応援出張要請も数多くありました。応援出張要請にはすべて応じ、応援出張者を派遣している1〜2週間の間は大使館側の業務分担を調整し、支障が出ないようにしていました。

NS（現地採用スタッフ）を使い捨てにするな

大統領への信任状奉呈までの3週間、対外的な活動はできなかったので、その時間をNSや本官との個別面談にあてました。

特に時間をかけたのはNSが抱える悩み、彼らの大使館業務に対する問題意識などの聴取です。NSは現地採用されたスタッフで身分は外交官ではありません。しかし現地の事情に通じている強みがあります。私は商社時代の経験も踏まえ、本官がしっかりとNSに役割を与え活躍させることが大使館の活性化に不可欠だと考えていました。しかし実際は一部の本官を除き、NSを活用するとか育成するという姿勢は見うけられず、自分ではできないこと、やりたくないことを肩代わりさせる、スポット的なヘルパーとして利用しているに過ぎませんでした。話を聞いたNSたちには、仕事の背景も大使館が求めている目標も説明されず、ただ単発的に言われた仕事をこなしているだけだし、日常的な業務は任されずただ仕事を言いつけられるのを待っているだけだ、という不満が充満していました。NSのメンバーの話を聞いていると、正直、現状が情けなくなりました。

赴任前研修では、NSの育成・活用が重要という説明があり、商社と同じ思想なのだなと理解していたのですが、実態を知ると大違いでした。

大使館内の統括業務は次席の担当です。やはり赴任前研修で、次席とのコミュニケーションをよくするようにと説明もされましたので、ひととおり面談を終えると次席に結果を説明し、大使館の活性化を図るため「大使館のビジョン（あるべき姿）とミッション（使命）、各人の目標」を作ろうと提案したのですが、しばらく経っても対応してくれません。しびれを切らして、自分で草案を作り、他の本官の賛同を得て進めることにしました。まずビジョンとミッションを策定して次に以下のシステムを決めました。

■年度ごとに各班の組織目標を作成する。

■それに基づきNSの個人目標を上司である本官と作成する。NSにはルーティーンとなる業務も任せる。

■半期に1度、上司である本官とNSが面談し、目標達成の進捗状況やNSの抱える悩みを聞き、両者間のコミュニケーション向上を図る。

たいしたことではありません。しかし、こんなことすら今まではおこなわれていなかったのです。NSはスポット的に必要に応じて利用するだけ、という使い捨てのような扱いだったのをあらためただけです。NSに難しい業務を任せようとしたわけではありません。ある程度の常識と知識があればこなせる仕事です。

NSの個人目標作成は、本官にとってもNSにとっても初めての体験であり、最初のうちは内容や難易度が個人によって温度差があって適切なものにならすのに時間はかかりました。また半年に1度の面談は1時間以上かけて本官とNSが話をすることで、おたがいを知ることができ、特にNSのモチベーションを引きあげることができたと思います。また、日本ではマネージャー的経験などなかった若い本官にとっては、部下を持つこと、指導すること、評価することは初めてで苦労もあったでしょうが、がんばってくれました。私は、ここで若手が経験を積むことが、将来的に本省などでマネージャーになったとき、必ず役に立つはずだと考えていました。

やがて、NSを私が参加するセミナーに帯同したり、来訪者との打合せに同席させたりするうちに、彼らが名刺を持たされていないのに気づきました。対外折衝もおこなうNSには名刺が必要だろうと、本官との定例会議でNSの名刺作成を指示しましたが、「従来、NSには名刺を作っていない」とネガティブな意見が出ました。私にすれば当然のことなのですが、大使館では当然ではないらしい。必要性を強調し押しきって、外部との接触が多い政務班、経済班、開発協力班、領事班のアシスタントであるNSには名刺を配布しました。大使館で働いているというアイデンティティの証にもなり、コンタクトする相手に自己紹介することもできるので、NSには非常に喜んでもらえました。そもそも、他国の大使館のNSたちは当然のように名刺を持っていたのです。私が特に変わったことをしたわけではないと思うのですが。

大使館としてのビジョンは次のように決めました。

「エルサルバドルとの友好親善関係を増進し社会発展に貢献しながら日本の国益と国際公益の向上を目指す」

あたりまえと言えばあたりまえですが、あらためて書き物にして共有することに意味があると思います。このビジョンを実現するため、360度のディプロマシーと謳《うた》って6つのミッションを策定しました。

「友好な外交の促進／広報文化促進／邦人保護・日本企業支援／政治経済分析と発信／開発協力推進／規定遵守」

これまたあたりまえのことですが、やはり具体的に書き物とすることが肝心です。このミッションに基づき、各班の組織目標やNSの個人目標を設定するよう求めました。

これらのビジョンとミッションは額縁に入れて大使館受付に掲げ、来訪者にひと目でわかるようにするとともに、大使館のホームページにも掲載しました。さらに日本語とスペイン語で書いたカードを作り全館員が常時携帯するようにしました。ビジョンとミッションをNSまで徹底したことと日本語やスペイン語で対外的に発信したことが重要であり、先に述べた組織やNSの目標作成とともに、成果は挙げたと思います。

「新しいことはしない」という哲学では、非効率的な仕事しかできない

面談と並行して、各本官から業務に関するブリーフィングを受けていましたが、そこで気づいたのは「資料作成の効率の悪さ」でした。過去に何度も使ったのと同じような資料を一から作りなおしている、数字データも一から調べなおして作成している。結果、作成にえらく時間がかかる。各人がふだんから担当部門の資料やデータを管理して、適宜アップデートしておけば、必要になったときすぐに提示できるのに。もちろんデータ管理をきちんとしている本官もいましたが、ほとんどは非効率的な仕事をしていました。それを指摘すると、ある本官は「そんな新しいことをしていいのですか」と驚くではないですか。聞けば彼は非効率的な作業を改善したかったが、「今までこうしてきた（データ管理などせず、一から作成してきた）のだから、そのやりかたを守れ」と言われてきたようです。いわゆる「前例踏襲型」で物事を処理したがる本官、「改善」ということばを知らない者が館内を統括していたことが背景にあったようです。

「本省からの訓令があれば仕事をする。それ以外はなにもしなくてよい。余計なことはしない」ということばを当時の次席（キャリアで私とそんなに歳は離れていません）から聞いたときは仰天しました。本省からは、その考えは大間違いだ、と言われはしましたが、この大使館にかぎらず他国の大使館でも似たような哲学で仕事をしている外交官は少なくないようです。前例踏襲型でいれば、失敗しても大きくは叱責されません。逆に新しいことを発案して実行し、成果が得られなければ叱責を受け人事評価は大きく減点されます。本省の人事評価システムがそうなっているのでしょうか。新しいことには挑戦したくないという意識が大使館に沁《し》みこんでいる気がしました。商社時代からいくぶんは感じていたことですが、予想より病根は深いな、と実感しました。成果が出なかった場合は、失敗の原因を追究し、失敗をくり返さないことが重要なのであって、チャレンジそのものには加点するくらいの評価が必要でしょう。前例がなければできない、やらない、という姿勢のままでは、社会変化へのすばやい判断や対応ができなくなります。資料作成やデータ管理という案件でさえ、改善するのにこれだけ苦労するとは、やれやれ、とため息しか出ません。

　細かい話ですが、実例をつづけます。毎週月曜日、大使と本官で館内会議を開きます。議題は大使の日程確認でした。大使の日程表が作成されて配布され、それを全員で確認するという作業です。それだけです。他にトピックスの発表などありません。なんのための会議だ、と聞くと、大使の日程に合わせて本官の業務日程を調整する、という返答です。

大使の日程なぞ、PCのスケジューラーに入れてあり各人が必要なときに確認し、自分の日程を調整すればいい。私との調整が必要なら、その都度私に相談すればいいのです。私の日程表を毎週作成し、印刷して配布するのは時間と紙のムダです。情報共有の手段が少なかった数十年前ならともかく、わざわざ本官全員が貴重な時間を使って集まって議題が日程確認だけとは、こんなに不思議な会議はありません。共有すべき情報は他にいくつもあるだろうし、全員が集まる以上、質疑応答があってしかるべきです。

「前例踏襲」との闘いの日々はつづく

とりあえず着任後1か月はようすを見ることにしました。1か月過ぎても、なんの変化もなかったので、日程確認はやめて会議に新たな議題を加えることにしました。

各本官が担当業務の状況を5分以内で口頭報告することにしたのです。限られた時間での口頭報告は、簡潔に要領よく内容をまとめる練習にもなるし、本人の頭の整理にもつながります。

しかし次席が「今までやったことがないので、若い本官はうまく報告できないでしょう」と軽く苦情を呈してきました。だから練習するのだ、ということばを飲みこみ、苦情は無視しました。実際、最初はなにを言いたいのかわからない報告も、照れたり苦笑いしたりしてその場をごまかす報告もありましたが、修正する点を指摘することで徐々に改善されていきました。

赴任当時の大使館では、次席だけがキャリア外交官で他の本官はノンキャリアでした。大使の私が民間出身なので、次席は「自分が大使館の事実上のトップで、いちばんよく業務を知っているのだから、従来のやりかたを守らねば」と思っていたのでしょうか。しかし、前例踏襲を固守するあまり業務全体がきわめて非効率化していることに無頓着だったのは問題です。

口頭報告は私にとっても意義あるものでした。本省への報告事案の詳細や背景、裏話など文書には記載されない情報もあり、臨場感もあってよく理解できます。また未知の専門用語や略語もその場で質問できるので時間と手間が省けます。非常に役立ちました。

回を重ねるうちに、情報を共有することで他部署から問題の解決策が示されたり、問題が自分の業務に関わってくる案件だとわかり協働して対処しようという展開になったり、という前向きな話し合いもおこなわれるようになりました。本官たちは、もともと能力は高いので、ちょっとしたヒントやアドバイスが大きな効果を生みます。

着任後2か月。今度は本官とNSとの会議を月1回開くことにしました。それまでNSが参加する会議はなかったのです。しかし面談でもわかりましたが、NSの皆は、大使館や各班が今いったいなにをしているのか、大使の方針や考えかたはどんなものか、を知りたがっていました。彼らのモチベーションを上げ、職場の風通しをよくする効果も狙った定例会議開催です。

大使と各班の本官、NSがそろった席で、本官の会議同様、NSが自分の業務状況を口頭報告します。まず結論を述べ背景説明はその後に、といった簡潔でわかりやすい報告スタイルを学んでもらうこと、大使や他班の本官からの質問に対応する緊張感を経験すること、報告することで自分の業務の意義を確認し自分の頭の中を整理してもらうことなども目的です。他班の本官やNSも、よその班がどう動いているかの情勢を把握でき、大使館全体の動きが理解できます。この会議を開くことで、本官とNS、NS同士のコミュニケーションが活性化していきました。

一度聞いただけでは私が理解できなかった報告については、別途大使室に来てもらい補足説明してもらうこともありました。それまでNSが大使室で直接大使に報告することなどなかったようで、呼びいれたNSは緊張しつつも張りきって話をしてくれました。このとき、後で上司の本官には報告するでしょうから、NSの自信とモチベーションを高める効果を狙って、あえて本官には声をかけずNS単独で話をさせることにしていました。

大使館の中で完結する小さな改善でも何度「今までやったことがありません」と聞かされたことか。「だから、やってみるんです」ということばを何度飲みこんだことか。前例踏襲型との戦いは、在任中ずっとつづきました。

大使館でも「働き方改革」をしなければ

大使館の終業時刻は18時までとなっていますが、21時以降まで残って残業する本官はまれではありませんでした。日本とエルサルバドルの時差は15時間。エルサルバドルの19時が日本の翌日朝10時です。このころ、ちょうど前夜（日本時間の）送られてきた大使館側の情報に本省側が目を通し、必要であれば電話をかけてきます。あるいは、こちらから本省に電話をすることもある。だから19時過ぎまでは大使館に残っていよう、ということで、必然的に残業です。本省とのやりとりの結果、さらに深夜まで仕事をつづける、というのが常態でした。本省でも深夜までの残業はあたりまえなので、外務省から来ている本官たちには残業が習慣になっています。官僚には労働基準法が適用されません。人事院規則で労働時間の上限は決められていますが、あまり機能しておらず、違反しても罰則はないので、野放し状態です。官僚の残業は近年、国内でも問題になっていますが、海外でも状況は同じ。

私も商社での若手時代は連日夜1時過ぎまで残業、その後仲間たちと餃子をつつきながらビールを飲んで3時ごろ帰宅、翌朝9時に出社、という生活でした。それが当然の時代だったのですが、今はそれでは許されません。大使館では、誰かが体調を崩したら代わりはいないのです。相手国政府と対面で活動する前線なので、館員おのおのが心身の体調管理には気をつけるよう意識づけをくり返しました。

本官からは、こんなことを言いだした大使は私が初めてだと言われました。ここでも、世間の常識が大使館の常識ではない、という事実を痛感させられました。

外交公電は、わかりやすく正しい日本語で送ろう

着任して1か月ほど経過したころ、大使館内の執務室や倉庫をチェックしてみました。

本官やNSの執務室には山のように書類を積み重ねている机も多く、なかには10年以上経過したどう考えても不要な書類まで混じっている。各班の倉庫もひどいもので、埃をかぶった何年も前の本官（異動してもういない）の私物や用済みの資料、ファイルの類が放置されていました。細かいことを言う、と思われるのは承知で、私は民間の産業界では常となっている「5—S（整理、整頓、清掃、清潔、躾《しつ》け）」を導入することにしました。5—S委員会を作り、まず手本として、ある班の執務室と倉庫の現状写真を撮ります。それから荷物や不要な書類、ファイル、私物の整理を1週間でおこなってもらい、整理後の写真も撮る。委員会で前後の写真を比較し、整理整頓の具合を評価し、全体会議で発表する。これをくり返して、館内すべてを整理整頓していきました。同時に、ファイリング法も統一し、書類のデータベースを作って作成したらそこにインプットして所在を明確にするよう指示しました。時間はかかりましたが、最終的に執務室も倉庫もきれいに整理整頓され、どこにどの書類があるかひと目でわかるよう

になりました。

大使館の業務のひとつに外交公電の作成があります。本省からの要請事項に対する報告、任国の政治経済社会情勢の報告に加え、大使館の会計報告にも公電を使用します。通常の公電は、担当の本官が公電案を作成し、次席と私がチェックして本省に打電します。

ちょっと困りものだったのは、情勢報告でした。新聞記事をはじめとする現地報道を訳すだけの場合も、関係者から集めた情報を加え分析して報告する場合もあります。もちろん、個人差は大きいのですが、本官たちにはスペイン語は堪能でも政治経済、特にビジネス関係の知識はさほどでもない人もいます。専門用語を知らないため、意味のわからないスペイン語からの直訳文が公電案として上がってくることが、しばしばありました。民間でビジネス活動に従事していた私には常識的なことばも彼らはふだん使いはしないため、理解していないのです。しかもこれも人によるのですが、報告書の作成法も指導されていないのか、日本語の文章そのものがわかりづらい文書案もままある。それが途中でチェックもされぬまま、私のところまで上がってきます。誤りを指摘し、書きなおしを何度も命じました。そこまででない場合は、「大使は添削係かよ」と内心ぶつぶつ言いながら、私が用語と文章を修正したり、「てにをは」を正したりもしました。

公電の中には、「本使電（本使は大使の一人称）」と呼ばれる、大使の意見を述べる報告書や要望書もあります。こちらは逆に、私が作成する場合は本省内で使われる用語をよく知らないため、本官たちにチェックしてもらうこともありました。特に、ふたり目の次席（着任時の次席の後任。ノンキャリアの女性）には、言いまわしや用語の添削で世話になりました。この女性次席は非常にまじめな人で、対外的な交渉ごとにも大使館内統括業務にも前向きに取り組んでくれたので、大いに助かりました。

公電案が意味不明すぎて「ボツ」にしようと言っても、最初の次席は「担当者は一生懸命作成しているのだから、そのまま報告したい」とか、「今までこれでやってきているから」というお決まりのことばを発していました。目をつぶって承認することも多々ありましたが、受け取った本省だって困るだろうとどうにも納得がいかないのが本心でした。そこで本省と打合せする機会があった際に、「書く側が専門的な内容をわかっていないので逐語訳しかできず、読んだ側が理解できない報告が多い。このままでは流し読みされるだけで報告の意味がありません。現場で内容を理解させて意訳でもよいからわかりやすい日本語で報告するべきだと思うがどうでしょう。現状では無意味な情報過多を招くだけです」と問い合わせたところ、そのとおり、という返答をもらいました。努力しましたが、在任中にめざましく意識改革できたとは言えません。また、見るところ、他の大使館までなにか指導なり指示なりがあったようには思えませんでした。民間企業であれば、叱責ではすまないレベルなんだが、とこれも私の常識と大使館の常識のギャップでストレスを感じたできごとでした。

大使室のドアは開けっぱなしにしよう

着任後、すぐ実行したことがひとつ。

大使室のドアは常に開けっぱなしにしておくことにしました。

本官もNSも自由に出入りできるように、です。警備の観点からはよろしくないのでしょうが、アポがなくても大使と気軽に話ができる環境を作り、コミュニケーションをよくすることを優先しました。最初のうちはおっかなびっくりでしたが、やがて皆、大使室をのぞきこんで、私の在室を確かめると臆せず入室してくるようになったので、狙いは成功したとひそかに満足していました。

来館者ともなるべく大会議室ではなく大使室で歓談して、緊張感なくざっくばらんに会話できるよう配慮しました。日本人の来館者にはエルサルバドルのコーヒー、エルサルバドル人の来館者には日本茶を出すよう手配しました。

日本人の来館者はエルサルバドルの政治経済、治安、ビジネス機会などの情報を求めている場合が多い。こうした来館者には、最新の資料を基に私が説明し、同席する本官が補足説明を加えるスタイルにしました。本官の仕事を奪ってしまうみたいですが、大使みずから話をするほうが、先方の印象はよかろうと判断したからです。商社時代に私が訪問した他の中米諸国の日本大使館では、本官が説明し、大使はほとんど発言しないことが多かったと記憶しています。

また、先方に示す資料として従来は分厚く詳細なプレゼン的資料を準備していたのを、来館者が知りたいであろう要点のみを短く1枚にまとめたペーパーを渡す方式に変えました。その要点に沿って説明するほうが、先方もわかりやすい。さらに説明を聞きながら、そのペーパーにメモを書きこめば後で役に立ちますから。

日本人の場合はおおむね用件が事前にわかっているのですが、エルサルバドル人の来館者は表敬訪問と言ってやってきて、その場で依頼や陳情を持ちだすこともままありました。だいたい無償協力や資金拠出、寄付金の依頼ですが、その場では回答に困る、判断がつかないこともあり、同席している本官に可否や手続を尋ねたり、別の会議室に移って本官と来館者とであらためて打合せしてもらう、といった場合もありました。

着任前は、政府閣僚級の人びとが大使館を訪問してくることは滅多にないと聞いていましたが、蓋を開けてみると、外務大臣、外務次官、財務大臣、公共事業大臣、中央銀行総裁、最高裁長官、国会議員、とさまざまな方々が日本大使館を訪問され、情報交換や開発協力プロジェクトの進捗状況の相談などを求められました。私とはスペイン語で気軽に話ができることが知れわたったので訪問しやすかったのでは、と想像しています。他国の新任大使の表敬訪問もありました。こうした来館者とは、日本とエルサルバドルの国旗が飾ってある大使室をバックに記念写真を撮影することにしていました。私が記念写真好きなわけではなく、その写真を保存しておけば、顔が覚えやすいからです。

政府要人が訪問してくる際は、大使秘書が大使館が入っているビルの入口まで出迎え、私は大使室入口で立ったまま待機して歓迎し、帰る際はエレベーターホールまで見送りました。これが各国大使館共通の作法だったようです。

サンサルバドルの国立宮殿。19世紀後半に建てられ、1974年まで政府庁舎として使われていた。現在は観光名所になっている

エルサルバドル第2の都市サンタアナのサンタアナ自治体庁舎(市庁舎)。1871年に建造された美しい木造2階建建築。

第四章

大使の仕事——
恒例行事やセミナー、イベント

中南米での外交・ビジネスにはスペイン語が不可欠

中南米全体の日本大使館、領事館に、大使を含め本省からから派遣された人材（本官、派遣員、研修生）が約300名います。これは同地にいる大手総合商社の日本人駐在員よりはるかに多い。しかもスペイン語を不自由なく使える割合も圧倒的に高い。もちろん、英語は全員が流暢に使えます。

一般職や専門職の人材はスペインやメキシコで2年間の語学研修を受け、そのまま中南米の大使館で2～3年間勤務し、その後さらに中南米の別の在外公館に異動するのが普通です。つまり最初の勤務と次の勤務を足して駐在期間5～6年で、少なくとも2か国はわたり歩くことになります。また異動ごとに政務班から経済班、広報・文化班から開発協力班、というように担当業務が変わることになっており、いろいろな経験を積めるシステムになっています。人材育成には適した制度だと思います。

大使がスペイン語は不得手である場合、語学研修を受けた本官が通訳業務を兼ねることになります。私の場合は通訳が不要でしたので、通訳業務を兼務していた本官の業務が減り、楽になったはずです。

商社時代からわかってはいましたが、大使として着任してより痛感したのが、スペイン語圏における スペイン語の「力」です。スペイン語が話せると、任国政府およびスペインと中南米の外交団の対応がまったく異なってきます。当然ですが、通訳を介さず直接話せれば親しくなるのも早く、関係も築きやすい。本音も聞けるし、収集できる情報の質も量も非常に豊富になる。中南米諸国の第一公用語は、スペイン語かスペイン語に近いポルトガル語（ブラジルの公用語。スペイン語でかなりの程度、意思疎通できる）です。中南米をメインとする、スペイン語・ポルトガル語を第一言語とする人びとは実に9億人近くになります。中南米において外交、経済活動で成果を挙げるには、スペイン語が使えるかどうかがキーポイントだと思います。不可欠な要素だと言って過言ではない。前述したとおり、その点に関しては、本省は優秀な人材を育成、配置していると評価されてよいでしょう。

私の在任中、韓国大使はスペイン語話者ではなかったのですが、月に1回開かれるエルサルバドルに駐在する諸国の外交団が集まる朝食会議や、他国の大使の歓迎会、送別会にはほとんど参加せず、また各国大使がプライベートに開くパーティなどの集まりには、招待もされていませんでした。通訳同伴では意思疎通もはかばかしくなく、参加しても楽しくないからでしょう。中南米の大使の方々もほとんど英語を話すのですが、そういう集まりの際には、やはり慣れ親しんでいるスペイン語で会話が始まってしまいます。そこへ英語で割りこんでいくのは、相当に勇気がいります。

大使参加の恒例行事――独立記念日、新年の挨拶、中南米大使会議

大使は、エルサルバドル政府の公式行事に日本の代表として参加します。

エルサルバドルの独立記念日は9月15日。

まず早朝、サンサルバドル市長が主催する式典が、市庁舎前の屋外でおこなわれます。各国大使が参列し、市長による献花を見守った後、大統領主催の式典に移動します。

会場は軍隊広場。大統領はじめすべての大臣、次官、最高裁長官、国会議長など政府関係者が出席します。男性はエルサルバドルの正装であるグアヤベラ（刺しゅう入りの半袖シャツ）着用と指定されたので、急遽デパートで購入しました。私が初めて参加したサンチェス・セレン政権の記念式典では、各国大使は信任状奉呈順に並び、炎天下に2時間立ちっぱなしでした。私の後ろに並んでいた英国大使が熱中症で突然倒れ、介護したのが思い出です。次のブケレ政権ではテントの下で座っての参加になったので安堵しました。

新年を迎えると、毎年政府主催の挨拶行事が開かれます。外務大臣が、各国大使夫妻、国際機関関係の代表者、開発協力関係の代表者などを招待し、外務省の大広間で壇上に立つ外務大臣、次官と挨拶を交わすという催しです。招待者は総勢100人ほどもいたでしょうか。日本の場合は、私以外にJICA所長も招待されていました。各国大使が最初に挨拶に行きますが、

独立記念日式典の際と同じく信任状奉呈の順番です。私の前がスペイン大使、次がEU大使でした。ひと言ふた言、ことばを交わすだけの挨拶です。すべての挨拶が終わると、同じ会場に飲み物と軽食が用意されていて、ワインやカクテルとつまみを摂りながら、1時間ほどの懇談となります。ですのでこの催しは、各国大使や国際機関関係者たちと新年の挨拶を交わす場、でもありました。三々五々解散していくのですが、夫人同伴の大使は話がはずむのか遅くまで会場にいたようです。

大使の仕事、といえば、年に1度、本省で開かれる中南米大使会議への出席も重要です。在中南米カリブの全大使に加え、在米国、在中国、在スペインの日本大使館から公使または参事官クラスが参加し、4日間の日程で世界の動向、外交問題、大使館業務の課題などの意見交換がおこなわれます。テーマごとに本省の各局から報告があり、各大使からの質問や意見などが活発に飛びかいます。日ごろ、日本の大使同士の交流機会はほとんどないので、この会議はたがいを知るいい機会でもあります。また期間中は、総理表敬、中南米関連国会議員との懇談、経団連や商工会議所との交流の場も持たれ、夜には外務大臣主催の在京中南米大使、民間企業などを招待したレセプション、一般社団法人ラテンアメリカ協会主催のレセプションなど多くの交流の機会もあります。実にあわただしい4日間です。

中南米から遠路はるばる日本に集まるのは無駄ではないか、と思われるかもしれませんが、過去に1度、中南米でこの会議を開いたところ、距離は近くとも航空路線の連絡が悪く日本で集まるよりも大変だということがわかり、それ以来、日本開催に固定されているとのことでした。また、日本での企業、団体への訪問や議員との懇談が有意義だったりすることも多いので、年に1度日本に集まる意味は大きいと思います。

小さなセミナーでも積極的に参加しよう

大使にはさまざまな案内状が届きます。政府や各種シンクタンク、商工会議所などの民間団体、ならびに国際機関が主催するセミナーの案内状が私宛に頻繁に届きました。スペイン語を解さない前任大使時代は、差出先から判断して各担当部署の本官がチェックし、必要なら大使に伝えていたようですが、私は手間を省いて直接私の机に配ってもらい、私が開封して出欠を判断することにしました。次席と本官の判断もあり、前任大使はほとんどセミナーの類には参加しなかった（本官などが代理参加することもなかった）とのことでしたが、私は役に立ちそうな会合には積極的に参加することにしました。

関係する本官にも、同行しないかと声をかけるのですが、ほとんど都合が悪い、という返事が戻ってきます。のちほど、セミナーの概要、他の外国大使館からの参加者などを本官宛にメールで報告していたのですが、そこに反応されることもありませんでした。セミナーに参加した実感としては、ＶＩＰに挨拶ができる機会が得られるし、人脈形成にも個別の情報収集にも有効で大いに意義があるものでしたが。ただ、私の都合が悪いときに代理出席を指示すると、受けてくれます。大使と同行するのが気づまりだったのかもしれませんが、本官もスペイン語は達者なのですから、機会は活用すべきだと思います。大使は、大統領でも大臣でも誰とでも話ができます。私は大臣や次官と話すとき、いっしょにいる本官も紹介するよう心がけていましたが、彼らがそこで積極的に自分を売りこむことはほとんどありませんでした。成果を挙げようとガツガツしている商社マンたちとは好対照です。自分がカウンターパートではないという意識が強すぎるのか、余計な仕事を増やしたくないのか、いずれにしてももったいないな、と感じていました。名刺の渡しかたもぎこちない。「外交官」なのだから、もっと外に出て自己アピールをするよう努めるべきだと思います。どうしても仕事が内向きになりがちなのも、民間と大使館の意識のギャップだと感じました。

到着時のエピソードでもふれましたが、大使と本官がいっしょに外出するときは、警護の観点から別々の車に乗るのが原則です。また、大使や本官が館用車で外出する際は必ず、契約している民間警備会社の車も同行します。

大使車には大使専属運転手と身辺警護員が乗りこみますが、席はもうひとつあるので同乗してはどうか、車内で打合せもできるし、と誘うのですが、なかなか頷いてもらえません。ただ、近距離で比較的治安に問題がない場所や長距離出張の場合で同行者がひとりの場合は同乗してくれることもありました。細かいと言われるかもしれませんが、費用や効率の観点からも、運転手の負担軽減のためにも、私はなるべく大使車への同乗を勧めていました。

なお、専属運転手も身辺警護員も、民間警備会社の要員もすべてエルサルバドル人です。彼らは英語をほとんど話しませんでしたが、私がスペイン語を話せるので意思疎通に不自由はありませんでした。身辺警護員は、警察との契約で警察から派遣されてきています。

セミナーの主催者はさまざまです。外務省はもちろん、開発協力案件のパートナーである環境省や公共事業省、政府のシンクタンクであるFUSADES（エルサルバドル経済社会開発財団）、中央銀行、輸出促進委員会、零細中小企業委員会、電力委員会、コーヒー協会、繊維協会、各種大学など教育機関……。なるべく都合をつけて参加しました。蜂蜜振興協会のセミナーでは、エルサルバドル産の蜂蜜が他国との競争に勝つにはなにが必要か、などというコメントまで出しました。こうした産業団体のセミナーに外国大使が参加するのは珍しいようで、どこでも喜んでもらえました。

セミナー会場内には必ずコーヒーがポットに準備されていたので、私はコーヒーを自分でカップに注いでから決められた席についていました。また、こうしたセミナーでは、終了後にサンドイッチと飲み物が参加者全員に提供されます。例外はありませんでしたので、ちょっとおもしろく感じました。

昼ではなく夜に開かれる民間団体のさまざまな表彰式にも何度か招待され参加しましたが、こちらは食事つきの場合となにも提供されない場合とがありました。ときおり、食事つきと思いこみ公邸料理人（2代目。122ページ参照）に「夕食は不要」と伝えて出かけたのに食事提供がなかったこともあります。しかし安全上の理由からも、運転手や身辺警護員の負担増を避けるためにも、「ちょっとそこらで軽く夜食を」というわけにはいきません。そんなときは、公邸に戻った後に自分で簡単に食事を作って夕食を済ませました。

地方自治体のイベントにも——愉快なパイナップル祭り

地方の自治体がおこなうイベントに呼ばれることもあります。だいたい貴賓席に座らされ、日本大使も参加しているというPRに利用されるのですが、こちらも訪問してみて初めて理解できる情報もあるので、無駄にはなりません。首都サンサルバドルから南東に65キロに位置するラパス県サンタマリア・オストゥマ市という小さな町で毎年開かれるパイナップル祭りには2度招待されました。車で2時間くらいの距離でした。市長とは会ったこともなかったのですが（笑）、ＪＩＣＡが促進している一村一品運動を市政に取りいれている自治体でパイナップルを使った商品開発に取り組んでいるということです。行ってみると、年に1度開かれるこの祭りは、人口6千人の町に2万5千人が押し寄せる大盛況で驚きました。パイナップルジャムやパイナップル入りのププサをはじめ、パイナップルを使った商品を開発して町おこしを進めていました。目新しい商品も数多く見ることができ、非常に刺激も受けました。また、こうした機会に出かけることが、生来動くのが好きな私には精神衛生上、いい気晴らしになりました。

　市街に入り、市庁舎の近くだという祭りの会場に向かいましたが、狭い道路の左右にパイナップルの屋台が軒《のき》を並べていて市庁舎がどこやらわかりません。やがて立ちならぶ屋台と祭りの人ごみに埋もれるように建っている、普通の民家を改造した小さな市庁舎に到着しました。すぐには見つからないはずです。ビルではなく外観はちょっとこぎれいな民家、という庁舎なのですから。市長は外出中と言われ入口近くで待っていると、突然背の低い小太りの女性が祭りの人ごみの中から「大使」と呼びかけ近よってきました。

　彼女が市長でした。いったん市庁舎に入り挨拶を交わすと、そのまま祭りの会場に連れだされ、設けられていた貴賓席になかば強引に座らされて、イベントが始まりました。祭りを見て歩くだけと思っていましたが、あれよあれよという間に予想外の展開です。女性市長は陽気で気さくでしたが常に笑顔で押しが強く、私はされるがまま、です。貴賓席に並ぶということは挨拶もさせられるのでしょうか。しかしなにも準備していません。「聞いてないよ」と内心焦りましたが、幸いスピーチは求められず、ホッとしました。イベント後、市長の案内で近所の教会まで人ごみを避けつつ歩き（身辺警護員はついてくるのが大変そうでした）、記念写真撮影をしたり近くにいた住民に挨拶したり、とにかく市長に言われるがままでした（笑）。

なお、私以外、他国の大使は祭りに参加していなかったようです。市長にかぎらず市民も明るく陽気で、祭りも活気に満ちていました。このパイナップル祭りは今も毎年開かれ、盛況だと聞いています。

サンサルバドルの南東にあるサンタマリア・オストゥマ市で毎年開かれるパイナップル祭りに参加。筆者と並んでいるのが市長

大使として参加したセミナーで発言する筆者。各種イベント、セミナーなどに大使が招待されることは多い

第五章　「公邸会食」と「大使の一日」「大使の休日」

公邸会食は外交の要

本省での赴任前研修では、「大使公邸での会食が外交の要」と説明されました。そのとき、「会食が目的」と言われたように聞こえたのですが、会食を通じて人脈を作り、政治経済の情報を収集するのが目的だと自分なりに解釈しました。民間企業でも、海外法人の社長公館に顧客を招待する会食の宴は頻繁に開きます。少なくとも3時間は対面でビジネストークをする時間が持てるわけですから、会食は非常に有効な外交手段だと思います。

公邸会食の話の前に、大使公邸のレイアウトを説明しておきます。

大使公邸は日本で作成された設計図に従って、トイレ便座など一部の備品機材を日本から取り寄せて建設されています。脇に守衛所がある自動開閉の門を抜け、スロープを上ると2階建ての公邸の正面玄関。玄関前には樹木の下に8台ほどの車の駐車場があります。公邸1階は公務に使用し、2階がプライベート使用。1階玄関から大広間に向かって長い廊下が延びていて、廊下の側面には男女トイレと小広間があります。大広間にはソファセットがふたつあり、公邸会食の際の食前酒はここで摂ることにしました。大広間は木製の扉でダイニングルームと仕切られていて、さらにその奥には厨房と日本食器や洋食器の置き場があります。2階には寝室が2部屋、キッチン、リビング、書斎、サービスルーム、シャワールームとトイレがふたつずつ。調度品は古く、壁にはなにも飾られていない殺風景な部屋ばかりです。私は単身赴任ですし、リビングにＷｉ－Ｆｉを接続したので書斎は使わずじまいで、サービスルームも物置にしていました。キッチンに冷蔵庫と電子レンジは備えつけられていましたが、オーブンや鍋、フライパン、食器、その他のキッチン道具は自費で調達しました。ただし包丁とまな板は使い慣れた品を日本から持参しました。

公邸の庭にはプールがありますが私は１回も使ったことはありません。また、マンゴー、アボカド、パパイヤの樹が植えてあり６月ごろにはマンゴーが１００個くらい収穫できるので大使館員に分けていました。

エルサルバドルでは国の規模が小さいこともあり公邸会食は月間８回を目標にしました。前任大使の場合はもっと回数が少なかったのですが、少し増やすことにしました。

会食開催は、私自身が面談時に招待したいと申しでて決まることもあり、会食の必要があると本官から要請があって決まることもあります。ただ、公邸料理人からはなるべく月曜日開催は避けてほしいと要望されました。魚類をはじめ鮮度が重要な食材は会食前日に買い出しするのが望ましいのですが、日曜日は市場が閉まっているからです。

招待者は、政府要人の場合は大臣や次官クラス、公社公団の総裁など１組３～４名が目安で、着席スタイルにしていました。さらに局長や課長が同席することもあります。現地の民間団体や企業なら社長から役員クラスまで、外交団は大使、次席までを招待する、という具合に決めていました。日本企業の場合は、現地に駐在する社長クラス、メキシコ法人やパナマ法人などからエルサルバドルを管轄している社長や所長クラス、日本や米国からの役員クラスの方を招待していました。招待者の人数と大使館側の出席者の人数は同じになるよう大使館側の出席者を決めます。大学やスポーツ団体、後述（211ページ）のアミーゴ会メンバー、企業懇談会などでは30〜40名程度を招待していました。この場合の大使館側の出席者は大使、次席、担当する本官など3〜4名です。

ダイニングテーブルは最大で16名着席なので、それ以上の人数の場合はブッフェ形式にして、参加人数に応じて着席スタイルと立食スタイルを使いわけます。ブッフェ形式の着席スタイルでは、大広間に最大9名が座れる丸テーブルを3〜4脚設置して、ダイニングテーブルに準備された料理を各自が取りに行き、丸テーブルで食事をします。それでも収まらない人数だと、テーブルを準備せず立食スタイルにしていました。ブッフェに並ぶのは、寿司、から揚げ、天ぷら、焼き魚、焼き鳥、ポテトサラダ、野菜の和え物、デザートといったメニューです。こうした、招待客が多い会食で人手が足りないときは大使館の運転手がボーイの制服を着てボーイ役をこなします。かなり器用に務めてくれるので助かりました。

懐石料理でおもてなし

会食が決まれば大使館の派遣員が料理人と相談してメニューと予算をすり合わせ、私が承認します。事前に招待客のアレルギーや好みなどを確認して、たとえば生魚がNGである招待客には刺身に代わり違う品を用意していました。招待客には電話やメールで事前連絡して乗車してくる車のナンバー他必要な情報を確認し、招待状を発送します。招待状にはドレスコードも記載します。政府関係者、外交団、民間企業や団体については基本的にネクタイ着用。参加者が多いレセプションではカジュアルでかまわない、という感じでした。

当日、私は早めに公邸に戻り準備状況を確認して、玄関で招待客を出迎えます。公邸の門に詰めている警備員が到着した車をチェックして、執事に連絡を入れます。それを受けて私は玄関に出て、到着客の一人ひとりと握手して挨拶し、来客名簿に記帳してもらいます。毛筆も用意しておき、横書きの名前を毛筆で書いてもらうことも趣向として招待客に楽しんでもらいました。ここで初めて出てきたので説明しますが、大使公邸には、執事と2名のメイドがいます。3人とも大使館のNSです。

招待客にはまず公邸の大広間でソファに座りながら食前酒（特に日本酒）を飲んでもらいながら歓談し、30分後にダイニングルームに移ります。基本的には執事がドリンクのサービスをおこないます。BGMには私の趣味でジャズを流しています。大広間は正方形で50平方メートル程度でしょうか。残念だったのが、日本で設計したため大広間から庭に出る扉の幅が1メートルもない狭さで、中南米の普通の建物とは異なり大広間と庭を自由に行き来できなかったことです。中南米では、人数が多い場合は庭先で立食したり、アルコール片手に歓談したりするのが普通です。庭がうまく活用できなかったのは心残りでした。

座席表は前もって決めており、主賓には大使の真向かいに座ってもらいます。招待客にはスペイン語のメニュー、大使館側の出席者には、表にスペイン語、裏に日本語を記したメニューが配られます。私が日本語のメニューのほうを見ながら料理の説明をしていると、食事後に招待客から日本語付のメニューを所望《しょもう》され、お土産として進呈したこともあります。

食事は日本人の公邸料理人が作りますが、これが大変な仕事です。エルサルバドルでは日本の食材が思うように手に入りませんし、ほとんどの野菜は隣国からの輸入品で鮮度が多少落ちます。魚もマグロ、サーモン、タコ、イカなどは冷凍の輸入品を使わねばなりません。海に面した国なのですが、エビと白身魚くらいが市場で購入できる程度だったと思います。そうした悪条件の中で、料理人は工夫して日本の味を提供してくれました。だいたい8品の懐石料理を準備してもらうようにしていました。前菜、お造り、焼き物、煮物、揚げ物、酢の物、ご飯とみそ汁、デザート。8品はさすがに多かったかもしれません、メイン料理にいきつく前におなかがいっぱいというエルサルバドル人招待客もいました。食べなれていない日本料理だったたからかもしれません。したがって途中から6品に減らしました。現地の習慣に従ってデザートはマストです。のちに日本から呼び寄せたフレンチが専門の公邸料理人は和食も作れますが、ときどきフレンチの前菜やスープも懐石料理の一品として作ってくれ、これはエルサルバドル人には好評でした。やはり刺身や寿司などは興味があっても恐る恐る食べるという感じでした。

ダイニングルーム入口には席順を記載したプレートが準備され、私が主賓をその席に案内します。テーブルは12メートルほどはありそうな長い重厚なもので、向かい合って8名ずつ座れます。壁には洋画、天井にはシャンデリアが備えられています。

ビジネストークはデザートタイムに

大使公邸での会食では、日本料理、日本酒、日本産ウイスキーを提供します。懐石料理と日本酒、その文化史などを招待客に説明することもあります。日本酒はワインと同じようなアルコール度数だと説明すると、冷たい吟醸酒をひと口飲むというようすでした。食事中は、おおむねこうした料理や飲み物の話題や、日本文化や風俗に関する一般的な説明、当たり障りのない時事的な話題などが多く、緊張するテーマはあまり話しません。日本の民間企業の接待会食と同様、ビジネストークはデザートタイムにすることにしていました。

デザートタイムになると大広間に戻り、カジュアルな会話をしつつ聞きたい情報を質問して意見を求めます。これが会食の本来の目的でもあります。デザートタイムでは庭に出たがる人や喫煙する人もいて、庭のテーブルでデザートタイムにするケースもありました。

年中暑いので庭にはかなり蚊が多く、日本の蚊取り線香を焚《た》いたり、火を灯した蠟燭をテーブル上に置き線香代わりにしたりしていました。デザートは基本的にケーキ類やフルーツ盛り合わせですが、抹茶やあんこを使った日本的な品も提供しました。中南米ではフリホルというインゲン豆を濾《こ》した甘みのない、こしあんのあんこのような料理が有名です。しかし、甘いあんこはエルサルバドル人の口には合わないかもと心配していましたが、かなり好評でした。食後酒にはイタリアのグラッパやブランデー、日本酒などを提供しましたが、コーヒーだけ飲むという人もいて、さまざまでした。総じてエルサルバドル人はアルコールをさほど多くは嗜《たしな》まないようで、ちょっと意外でした。

こうして、おおむね3時間程度で会食が終了します。

公邸会食の意義——人脈形成と情報交換の場

副大統領、外務大臣、公共事業大臣、環境大臣などの各大臣はじめ政府関係者を多く会食に招きましたが、大統領を招待すると警護を厳重にする必要があり、警備関係者も多くなりタイムテーブルも細かくなるなど、いろいろと大変なので、かないませんでした。

首都サンサルバドルの南、太平洋岸の観光地ラ・リベルタ付近のビーチ。サーフィン・スポットとして世界的に有名　Photo:Getty Images

サンタアナ中心部の歴史的建造物。19世紀末に建てられたカジノ。現在は社交クラブ、パーティスペースとなっている

また各国大使を一堂に招待するのは私の離任レセプションしかないと思っていましたが、これもCOVID-19のために実現しませんでした。個別には、中米各国の大使を招待して中米の話題、太平洋同盟（メキシコ、コロンビア、チリ、ペルー）の大使を招待して太平洋同盟の現状とエルサルバドル加盟の可能性、MERCOSUR（メルコスル／南米南部共同市場）加盟国のブラジル、アルゼンチン、ウルグアイ大使を招待してMERCOSURとエルサルバドルの関係、という具合にテーマごとに大使を選んで会食し、情報を収集しました。米国、カナダ、欧州諸国の大使をいっしょに招いて、日本の対中南米外交を説明したこともあります。韓国、コロンビア、メキシコ、米国、スペインの大使夫妻などは個別に招待して、懐石料理を楽しんでもらいました。特にスペイン大使とは公私ともに親しく交流し、サッカーのワールドカップ、スペイン対ポルトガル戦の際には、スペイン大使公邸でのランチこみでの試合観戦招待を受け、本官を連れて駆けつけました。スペイン大使公邸の料理人がパエーリャを用意すると聞いたからです。本場の味を堪能させてもらいました。

政府関係者、各国大使、民間団体、大学学長、在エルサルバドル日系企業、日本人の長期滞在者などさまざまな人物に接し、貴重な情報交換も多く、大使館と日本外交にとって、公邸会食はかなり有意義な催しだったと考えています。

当初、同席している本官は主賓やその部下に対してほとんど話をせず、私ひとりがしゃべっているという奇妙な歓談に終始していました。招待者である大使（つまり私）を立てているつもりかと思い、遠慮せずどんどん話をしてほしい、と要望すると、「そんなことをしていいのですか？」と驚かれました。どうやら、大使が主役で本官は大使が回答に困った場合や特別なスペイン語がわからない場合のヘルプ、もしくはスペイン語を使えない前任大使のような場合は通訳に専念、というのが「前例」だったようです。しかし会食中黙っていると本人の精神衛生上もよろしくないし、先方も楽しくないのだから、と諭し、ようやく本官たちも歓談の輪に入ってくるようになりました。そもそも先方は主賓の部下も普通に会話しているのです。問題あるはずはありません。

公邸会食は公金を費消していますから、内容を本省に報告する必要があります。聴取した情報を細大もらさずまとめ、翌日には公電で報告します。当初は、本官が食事中やデザートタイムに招待客の前で手帳を広げてメモを取っていました。それでは会食の雰囲気も壊すし、相手も警戒して身構えてしまいます。席でメモを取るのはやめさせ、ポイントを記憶しておき自分が席をはずした際に一挙にメモ化するよう指導しました。そのうえで招待客が辞した後、招待客のコメントを確認し合うことにしました。

こうした、公邸会食に際しての違和感がままありましたが、その原因は赴任前研修で疑問に感じた「会食が目的」ということばにある、と思います。本官たちは、大使が招待客と話すというのが基本と理解していて会話にはなかなか参加してこず、本省に報告することに汲々《きゅうきゅう》としている。本省も会食の実績があればさして文句も言わない。つまり、会食という手段が目的化してしまっている。民間だったら、それでは許されません。会食してどんな成果が挙がったか、挙がらなかったらなにが悪かったのか、といった検証をもっとすべきだと思います。なお情報収集目的で、本官のみで政府役人などと会食をするケースもありその場合は外食です。公費扱いで必ず報告書を作成し本省に連絡します。女性次席が着任してからその回数が増えて外部とのコミュニケーションがかなり改善されました。

公邸料理人は大使との個人契約

最後に、公邸料理人について説明しましょう。公邸会食が外交の要、ならば、公邸料理人は公邸会食の要、とも言えます。海外という悪条件の中で彼が美味しい日本の味を提供することが会食の成功に直結するのですから。

公邸料理人は公邸会食用の料理を準備するのがメインの仕事です。料理人とは本省や大使館ではなく大使との個人契約で、大使が給与や渡航費、海外渡航保険料などをいったん支払います。ただし本省が給与の一部を費用負担します。公邸に常駐（多くの在外公館では公邸内に部屋を持ち、居住しています）し、公邸会食以外にも、朝昼晩の大使の食事を作るというのが基本的な仕事です。当初私は、前任大使から引き継いだ、エルサルバドル居住歴が長い60歳くらいの日本人料理人を頼んでいました。彼の場合は公邸に常駐せず、公邸会食があるときのみ料理を作りに来てもらうという契約で働いてもらっていました。明るい性格でいろいろな要求にも応えてくれ、特に外国大使夫人たちを集めた寿司講習会（234ページ）では、流暢なスペイン語で寿司の作りかたを説明してくれたので助かりました。

しかし着任して2年後、その彼が個人の事情で帰国してしまったため、一般社団法人国際交流サービス協会から派遣された日本人料理人に来てもらいました。同協会が日本で募集をかけ、応募した料理人と大使がオンラインまたは電話で面接します。私の場合は、事前に履歴書をもらい、電話で本人と面談して即決しました。当時24歳で独身、フレンチ料理が専門でホテルなどで修行した後、自分の成長のため海外経験を希望して応募してきた、明るく礼儀正しい若者でした。彼は公邸の別棟に住みこみ、和食や懐石料理も覚えてくれ、美味しい料理を提供してくれました。招待客から「美味しい、誰が作っているのか」と聞かれた際には料理人を呼んで挨拶してもらいました。料理人のモチベーションも上がったことでしょう。公邸会食後、同席した本官は必ず料理人に美味しかったとコメントしてコミュニケーションを図ってくれました。私もそうしましたし、またときどき料理の味つけなどについても意見を言ったりしました。彼はスペイン語の習得にも熱心で公邸で働くメイドたちとも積極的に会話していましたし、好奇心も強く社交的でエルサルバドル人の友人も数多く作っていたようです。私の後任大使も引きつづき彼と契約しています。

なお、ひとり目の公邸料理人は常駐ではなかったので、公邸会食以外は自炊か外食でした。私は料理が苦にならないので自炊がメインでした。週に3〜4日は夕食を自分で作っていました。朝は作り置いて冷凍しているおにぎりを食べ、平日の昼食はほぼ外食です。ふたり目の料理人が来てからは、土曜日の昼食と会食のない日の夕食のみを用意してもらっていました。ただ、日曜日や祝日は彼も休みを取りますので夕食は自炊で、それが私の楽しみでもありました。

大使の一日。朝食は作り置きのおにぎり

ここから、大使の通常の一日について、簡単に記します。

大使には、出退庁時刻や有給休暇に関する決まりはありません。赴任当初、次席から「就業開始時刻の8時半より遅めに登庁してください」と言われ、だいたい10時ごろ大使館に入っていました。その後、NSの勤怠管理、意識向上のためもあり、就業開始時刻の少し前に登庁するようにしました。

朝7時に起床し作り置きのおにぎりの朝食を済ませ、スーツに着替えて大使館に向かいます。公邸から大使館までは車で7〜8分なので、8時15分に運転手が公邸玄関につけた大使車に身

辺警護員とともに乗りこみます。玄関では執事が見送り、公邸の門に設けられた守衛所の警備員が安全保持のため行きかう車を止めて大使車をスムースに出してくれます。前にも書きましたが、大使車には民間警備会社の警備車両が必ず同行します。地方都市に向かう際は警察にパトカーによる警備を頼むこともあります。渋滞している道路でパトカーがサイレンを鳴らして通り道を開け大使車はパトカーの後をついていく、といった離れ業（？）もときどき経験しました。こうした警備手段は、本官のみで公用車を使う場合も同様に手配します。身辺警護員や警備車両をつけているのは、米国大使館と日本大使館くらいでした。

赴任当初はスーツ、ネクタイで登庁していましたが、1年経つと年間の気候もわかったので、ノーネクタイに切り替え、大使館内でも励行しました。ただしジーンズは不可です。もちろん、来客がある場合や外出する際はネクタイ、上着着用。

ちょっと話がそれますが、大使館以外の人たちの服装はどうかというと、サンチェス・セレン政権の関係者、他国の外交団、民間企業や団体などの人たちはスーツにネクタイ姿です。私の経験上、メキシコでも工場関係を除き、政府関係者も民間の企業関係者も同じでした。

大使館に着くと、大使室には本官やNSの執務室の前を通って入るので、必ず彼らに「ブエノスディアス（おはよう）」と挨拶して相手の顔を見ることにしていました。大使室に入ると秘書がコーヒーを運んできてくれて、まず公電やメールをチェックし必要に応じて本官に指示を出します。その後、新聞に目を通します。大使館では現地発行のスペイン語新聞4紙を購入していましたが、そのうち2紙が大使の机に届けられます。外出する用事がない場合は、その後、本官やNSとの打合せ、会議や来客の対応で時間が過ぎていきます。もっとも実際には外出が多く、公邸から直接向かったり、いったん大使館に顔を出してすぐ外出したりしていました。大使は現地における日本の代表、顔、宣伝広告塔ですから、各省の大臣、次官や大統領府長官などを訪問しての打合せ、外部のセミナーやイベントへの参加などさまざまな用事が次々に入ってきます。

飲み会はほとんどなし。総じて、地味な一日です

平日の昼食は、おもに大使館が入っているビルに併設されているレストラン街を利用していました。ハンバーガーやペルー料理のチャウハ（CHAUFA……チャーハンのことでしょう）という焼き飯、『KOI』という日本料理店で出される魚フライ、サイコロ状にカットされたサーモン、アボカド、枝豆などを酢飯の上に載せた魚介サラダ、などで、だいたいどれも8～10ドル。たまに徒歩8分ほどの日本人経営の日本料理屋でカツカレーや天ぷらそばを食べることもありました。

夕方には、その日の打合せ、面談などの記録を作成して本官と共有する、本官が作成する公

電原稿をチェックして添削するといった作業がルーティーンでした。その後、夜の用事が入っていなければ、18時半には大使車で公邸に帰ります。同乗している身辺警護員が到着5分前には無線で公邸の守衛所に暗号で連絡し、門を開けさせます。エルサルバドルの日本大使館が例外かもしれませんが、業務終了後に本官同士（私も含め）で食事をしたり飲みに行ったりすることはほとんどありませんでした。まあ、みんな自動車で通勤しているのでアルコールは飲めませんし、レストランでアルコール抜きの夕食もつまらないという事情もあったのでしょう。私を含め本官たちは業務終了後まっすぐ帰宅、という日常でした。いわゆる懇親会は歓送迎会のみで、それも土曜日の昼食時間に夫人・子どもも同伴しての食事会です。大使公邸にカラオケ設備がありましたが、本官とのカラオケ会などもやったことはありません。ＪＩＣＡや大使館の有志で年に数度、カラオケ懇親会を開いたことはありますが。総じて、大使や本官の生活全般はかなり地味なものでした。

地味、と書いたので少し金銭事情も。大使は公費が使い放題、のように思われることもありますが、そんなことはありません。大使が自由に使える予算などなく、コーポレートカードも渡されず、業務上立て替えた出費だけが領収書精算できます。領収書を提出すると大使館から小切手が切られ、経理担当のＮＳが個人口座に入金手続をしてくれます。私的な出費は当然すべて自腹です。個人的な金銭は大使館の下にあるＡＴＭで引きだしますので、銀行まで行くことはほとんどありません。ちなみにその際も身辺警護員がついています。

公邸に帰ると、夕食です。先述したように、ふたり目の公邸料理人になってからは会食がない日の夕食を彼が用意してくれていました。ご飯は私がまとめて炊いて冷凍したのを解凍するので、おかず2品を作ってもらいます。私はチキンが苦手なのでそれだけは避けてもらい、野菜、魚、牛肉が中心のおかずでした。わりと質素な献立でしたが、料理人が工夫してくれて同じ料理が出てくることはありませんでした。外食する場合は、スペイン料理、フランス料理、イタリア料理、ペルー料理のレストランに行くことが多く、20ドルくらいでおさまりますが、いずれもかなり美味しい。私が行っていたレストランでは、15パーセントのチップがあらかじめ料金に含まれているので、いくら渡そうかと悩む必要がなかったのは気が楽でした。食べ終えたらすぐに公邸に帰ります。

夕食を終えた後は、NHKの国際番組や現地のテレビニュースを見たり本を読んだりして、12時には就寝していました。

大使の休日。私有車は前任大使から購入

前述したように、業務上であれば、大使車に運転手と身辺警護員と乗り、警備会社の車とともに外出することになります。着任してから1か月間は運転免許証がないので、私用の外出も

大使車、運転手、身辺警護員を便宜的に利用していました。当初は朝晩自炊ですから、1週間に1度、大使館での業務が終わってから公邸近くのスーパーに買い物に行っていましたが、それも大使車で身辺警護員同伴です。スーパーに入ると少し離れて身辺警護員もついてきます。買い物を手伝ってくれるわけではなく、ただ私を見守っているだけなのですが、それだけに落ち着きません。着任後初めての日曜日にゴルフに誘われ、先方の車に同乗したのですが、そこには私の身辺警護員も乗ってきます。ゴルフ場でもラウンド中はいっしょにいる、と言われたのですが、それは勘弁してもらい、ラウンド終了まで待機してもらうことにしました。

運転免許証を取得できたころには大使としての生活にもエルサルバドルにも少し慣れてきていましたので、土日や平日夜の近場のプライベートな外出には、自分で私有車を運転して身辺警護員を同伴せずに出向くようにしました。私有車は前任大使からオファーがあり、彼が使っていた車を購入しました。4年間使って5千キロも走っていない、状態のいい日本車でした。ちなみに大使車も私の私有車もナンバープレートは外交官カラーの黄色です。めだちますが、進路を譲ってもらえることも多く、運転は快適でした。

私が行動する範囲は、公邸から1キロほどのスーパーやショッピングセンターに、安全なレストランとゴルフ場程度で、治安がそれほど悪くない場所に限られているのだから、休日は身辺警護員の必要はないし、車も自分で運転する、と大使館内に諮《はか》り了承を得ました。これでプライベートの気晴らしが確保でき、ホッとしました。

　プライベートな会食はたとえば、ウルグアイ大使が音頭を取って、スペイン大使夫妻、チリ大使夫妻、アルゼンチン大使、コロンビア大使、国連の関係者など仲がよい10名ほどがイタリアンレストランに集まる夕食会です。大使たちは車を運転するのでアルコールは控えていましたが、夫人たちはワインを片手に語り合っていました。私は常に炭酸水にライムを絞ったものを飲んでいました。なお、他国大使の公邸で夕食会が開催される際は公務ですので、運転手、身辺警護員とともに出向きました。

土曜日の買い出しは重要。週末の自炊でストレス発散

　土曜日は私有車を運転して食材の買い出しに行き、日曜日は私費で会員になった公邸の近所にあるCampestreというゴルフクラブでラウンドする、という習慣ができ、よいストレス発散になりました。私的なゴルフ仲間はいませんでしたが、コロンビア大使や韓国大使とはときどきいっしょにラウンドしました。このクラブにはプール、ジム、テニスコート、宴会場、レストランも備わっていて、会員（私）がいれば人数関係なくすべての施設を利用できました。特にレストランは室内とテラスと両方に席があり、料理が非常に美味しかったので、日本からの来客とランチする場合にこのレストランのテラスを利用していました。

私費で会員になった大使公邸の近くにあるゴルフ場。COVID-19の流行が始まるまでは、週末ここでラウンドするのがよい気晴らしだった

サンサルバドルから車で40分ほど走ればラ・リベルタに着く。シーフードレストランが多く、エビ料理はかなり美味しい　Photo:Getty Images

土曜日の私用の買い出しでは、スーパーや日本食材店、韓国食材店に出向き、1週間分の食材や洗剤などを買いこみます。ふたり目の料理人が大使館に常駐するようになってからは彼といっしょに買い出しするようになりました。料理人と私がそれぞれ単独で使用する食材や洗剤などの雑貨はそれぞれが支払い、料理人と私が消費する共通の食材は折半しました。公邸会食用は公費扱いとなり料理人が食材を買い出しアルコールなどは執事が在庫を確認して大使館の官房班が国内調達できるワインなどを注文します。日本から取り寄せる日本酒などは官房班が大使とどの銘柄を注文するか相談のうえ、本省に注文をかけます。エルサルバドルで調達するものはいずれもいったん私が全額立替払いして事後に大使館と精算します。私用と公用とで同じ食材があっても別々に購入して管理します。公費で購入したものは私用ではいっさい使いません。そのためにも、厨房には公用食材の冷蔵庫、冷凍庫があり私用の冷蔵庫もあります。

スーパーは大規模展開しているチェーン店で、相当広い売り場にさまざまな品が並んでいます。輸入品のジュース、ビール、ワインに加え、タイ製のえびせんなどをよく買いました。公邸会食の際に記したように、生鮮食材はエビと白身魚くらいで、他の魚や野菜はほぼ冷凍品。エルサルバドル人は豚肉をあまり食べないので、よい豚肉は売っていません。牛肉は米国やニカラグアからの輸入品が多い。冷凍の米国産リブアイをよく買って料理人に調理してもらいました。スーパーでは牛肉が塊でしか売っておらず、炒め物などの調理には面倒なので、肉屋に

ラ・リベルタの海は遠浅で、ビーチから長い桟橋が延びている。桟橋の上には屋根が作られ、魚介販売市場となっている

桟橋上の魚介販売市場。多種多様な海産物が並んでいる

買いに行きスライスしてもらいました。カルパッチョ風に薄く、と注文するのですが、だいたい望んでいるより厚めであることが多く、もう少し薄く、と頼むのが常でした。こうした細かい注文は、もっぱら私がスペイン語でやりとりしていました。

日本食材店や韓国食材店ではインスタント食品、冷凍食品、調味料などはある程度そろっていました。冷凍だと塩サバ、しめサバ、ハマチ、納豆、おでんの具、餃子、焼売、かにかま、讃岐うどんなど。インスタント食品や調味料は、ラーメン、カレールー、カリフォルニア米、そば、うどん、醤油、ダシの素など。キムチや豆腐もありました。

こうして買いこんだ食材で、肉野菜炒め、大根の煮物、おでん、カレー、トマトソースのスパゲティ、などを作るのが、私の週末のストレス発散法でした。

たまにサンサルバドルから南へ40分ほどドライブして、観光地としても有名な海岸の港町ラ・リベルタを訪れ、シーフード料理を楽しんだりもしました。エビが特に美味しく、シュリンプカクテル、ボイル、ガーリック焼きなど各種あります。鯛の素揚げや白身魚のガーリック焼き、シーフードパスタやセビチェ（シーフードと玉ねぎの酢漬けなどのマリネ。もとはペルー料理）もいけます。

ラ・リベルタのビーチはサーフィンの名所。年中、素晴らしい波が来るので世界中からサーファーが集まります。エルサルバドルは天然資源に乏しいので、サーフィンを観光の柱として社会経済発展を目指しています。「Surf City」と銘打ったキャンペーンも展開していて、今では世界大会（ISA World Surfing Games）も開かれています。2019年11月に開催された『ISA SUPアンド・パドルボード・チャンピオンシップ』大会には日本代表も含めて27か国から160人以上の選手が参加しました。プンタロカ、エル・スンサルといったビーチが特に有名です。また、エルソンテという村もサーフィンで有名ですが、匿名の資産家から多額の寄付を受けたことをきっかけに、ビットコインで村の経済を回すという社会実験を始めました。アプリを利用して商取引や買い物などの決済をビットコインでおこなうというもので、今後の展開が注目されています。そのためこの村は現在、「ビットコインビーチ」とも呼ばれています。

2019年11月にラ・リベルタ県エル・スンサルで開催された『ISA　SUPアンド・パドルボード・チャンピオンシップ』大会に参加した日本代表チームと

ラ・リベルタのすぐ西にあるエルソンテ、通称「ビットコインビーチ」にある、ビットコインのATM　Photo:Getty Images

第六章　新政権誕生で難題続発

政権交代！　中南米でもっとも若い、37歳のブケレ新大統領誕生

エルサルバドルの大統領は任期5年で再選は認められていません。２０１８年秋ごろから次期大統領選が本格化してきました。２００9年に政権を奪取した左派の与党ＦＭＬＮ党は前外務大臣のウゴ・マルティネス氏、10年前まで長期にわたり政権の座にあった右派ＡＲＥＮＡ党はスーパーチェーン企業社長の息子、カルロス・カジェハ氏を大統領候補に推すだろう、その一騎打ちはＡＲＥＮＡ党が優勢、と予想されていました。しかし突然、この年の4月までサンサルバドル市長を務めていた37歳のナジブ・ブケレ氏が立候補すると表明し、情勢は一気に混沌化しました。ブケレ氏はサンサルバドル市長選にはＦＭＬＮ党から出馬していましたが、すでにＦＭＬＮ党から離れており、新党立ちあげ（１５２ページ参照）も画策したようですが間に合わず、けっきょく第3党の中道右派政党ＧＡＮＡ（国民統合のための大連合）に加入して、大統領選に殴りこんできたのです。

大統領選の公示前、第二章で書いた、外交団が毎月開く「朝食会議」に、立候補を予定している候補者3名をそれぞれ招待し、おのおのの公約について1時間程度話を聞きました。

ＦＭＬＮ党のマルティネス候補、ＡＲＥＮＡ党のカジェハ候補は副大統領候補を同行し分厚い資料を準備してこの会合にやってきましたが、ブケレ候補は副大統領候補ではなく自分の兄弟を連れて、資料も持たず手ぶらで参加しました。しかし彼は施政方針や外国大使からの質問

への返答のすべてを資料も見ずに数字をまじえてよどみなく明確に説明してのけました。非常に有能な人物であるのは強く印象づけられました。会合終了後、ブケレ候補に挨拶に行き日本大使だと名乗ると、彼は笑顔になり自分も日本を何度も訪問したことがあり、日本との関係は重視したいとコメントしました。そして同行していた、自分がオーナーである日本の二輪車輸入販売店の社長を務める弟を、私に紹介しました。

２０１９年2月3日、大統領選の投開票が実施されました。候補の誰かが得票率50パーセントを超えない場合は、3月に上位2名の候補による決選投票がおこなわれる予定でしたが、ポピュリズム（大衆主義）を謳うブケレ候補が、既成の政党政治に飽きた国民の支持を集め、1回目の投票で53パーセントの得票率を獲得、決選投票なしで中南米でいちばん若い大統領が誕生しました。

ブケレ氏は２０１９年6月1日、第46代大統領に就任しましたが、その際の国民からの支持率は93パーセントという圧倒的なものでした。前述した外交団との朝食会議でも明らかなように、自分の意見を自身の表現で明確に発信し国民を惹きつける魅力的な人物であり、この高支持率は現在でも維持されています。

政府要人はだいたいスーツ、ネクタイ姿であるエルサルバドルでは珍しいのですが、ブケレ氏はいっさいネクタイを締めません。暑いからではなく彼のスタイルです。大統領就任後のニューヨークの国連総会での演説時にも、訪日時の安倍総理との面談や会食の際もすべてノーネクタイでした。若さとカジュアルな雰囲気を前面に出す演出でもあるのでしょう。そのため、ブケレ政権になってからノーネクタイでカジュアルな服装の政府関係者が増えました。

また、彼はもともと企業経営者（日本企業の二輪車輸入代理店のオーナー）でもあり、民間企業を中心に、経済政策への手腕も高く期待されていました。

国会、最高裁と対決姿勢を強める新大統領

選挙から大統領就任まで4か月近くの準備期間がありました。3月には私を筆頭として次席と政務班本官が、エルサルバドルと日本との関係、共同開発プロジェクト、日本からの新規投資の期待分野などを説明するためにブケレ次期大統領を訪問しました。さらに4月には本省の国際協力局長をエルサルバドルに迎え、次期大統領と面談、懸案となっているラ・ウニオン港問題や今後の日本の協力姿勢について協議しました。さらに次期大統領の公約でもある医療関連産業の促進や投資機会についても意見交換しました。このときも、次期大統領は数字に強く頭の回転も速く即断即決の人物であると痛感しました。

大統領に就任後はなかなか私との2者面談はかなわないだろうと考え、この面談を設定したのですが、案の定それ以降は、ラ・ウニオン港問題で直接話をしたくとも、大統領訪日に関す

る日程や日本での交渉課題などについて事前にブリーフィングしたくとも、大統領補佐官をはじめ取り巻きが面談アポを取ってくれない状態がつづきました。これにはちょっと困りました。

2019年10月22日の天皇陛下即位の礼へのエルサルバドル政府からの出席者についても確認が取れない状況がつづいていた折、たまたま米国大使公邸でのレセプションにブケレ大統領が出席しました。私はこれ幸いと大統領のもとへ行き直接尋ねたところ、「副大統領に行ってもらう」と返事をもらいました。確定かと聞くと、確定だと苦笑いしながら答をくれました。その後、他の大使たちから「よくやるね」と言われましたが、補佐官を通じず直接大統領に近よって話をしたのは私ぐらいだったようです。他国の大使たちも、大統領の意向を直接確かめられないのには苦労していたようでした。

6月の大統領就任式には、日本政府から特使として林幹雄《もとお》衆議院議員が参列しました。米国からはウィルバー・ロス商務長官（当時）が、中南米各国からは大統領や副大統領、外務大臣らが参列し、諸外国もエルサルバドルの変化に期待しているのが見てとれました。

しかし、大統領の支持基盤が第3党であり少数与党であるため、国会では新しい政策がことごとく否決されるか審議が長期化することを余儀なくされました。

その結果、ブケレ大統領は、徐々に三権分立や法の支配といった民主主義制度の原則を軽視する姿勢に変わり、大統領府に権限を集中させ強引な政権運営を進めることとなりました。

たとえば、国会や最高裁判所に対して威圧的な発言をくり返し対立姿勢を鮮明化させる、軍隊を動員して国会審議に圧力をかける、最高裁の判決を政府が無視する、行政府の権能を超え立法府の権限を損なう形で憲法上の権利を制限する政令を発布する、報道関係者への強圧的な言動――などなど。当然のごとく、国内外の人権団体や米国議会からの批判非難を集めるようになっています。それでも、国民の政権支持率は80パーセントを超えている。

しかし軍隊を動員して国会審議に圧力をかけるのは民主主義を逸脱しているという外交団からの非難の声が多く出た結果、外務大臣が各国大使を集め、マスコミも参加させた説明会が開催されました。外交団からはこの件を問題視する発言が相次ぎ、私も日本大使として「長年かけて作りあげた信頼関係がひとつのできごとによって1日で消滅してしまうことを再認識してほしい」と述べました。外務大臣もその点は深く理解しているようで、そのとおりだと回答しました。この説明会のようすは新聞でも報道されました。

エルサルバドルという国家の重要課題でもある治安面。2015年の統計では、殺人件数が人口10万人あたり103件という、世界最悪の状態でした。この数字は、新政権が敷いた犯罪地域コントロール計画の成果か、2019年には10万人あたり35件と大幅に減少しています。しかし、殺人件数減少の背景には政府と犯罪組織（「マラス」と呼ばれる）の間の秘密裏の交渉が存在しているのでは、という疑惑がささやかれてもいます。2016年におよそ1500

名だった国内の行方不明者が新政権発足後、ほぼ倍増している事実にきなくささは感じられます。その後、犯罪組織間の抗争に関連する殺人件数が急増し市民の犠牲も増えてきたため、政府は2022年3月27日、30日間の非常事態宣言を発出しました。市民生活は平常どおりつづくとされていますが、今後の推移は不透明だと思います。

掟やぶりの申し入れで、てんやわんやの大統領訪日

ブケレ政権発足から間もなくして、新任のSIGET（電気通信監督庁）長官から、私と個人的に会いたい、という申し入れがありました。エルサルバドルではこの年の10月に日本式の地上デジタル放送を導入する予定で、そのキット購入を仕切っているのがSIGETなので長官とは数回面談しています。てっきり地デジの話だと思って長官のもとに向かいました。

しかし、挨拶を終えた長官の口から出たことばに仰天しました。

「ブケレ大統領が11月末に日本を訪問したいと言っている。安倍総理の都合はどうでしょうか？」

なんと、大統領訪日に関する打診です。このSIGET長官は大統領に近い親戚なのですが、大統領から私に安倍総理の都合はどうか直接聞くように依頼されたというのです。

こうした重要な外交案件は、通常、エルサルバドル外務省から私（大使）に話が来て、それ

を本省（日本の外務省）に取り次ぎ、両国の外務省間で打合せを進める、というのが正規の手続です。しかし私に打診してきたのは、外交担当ではない、ＳＩＧＥＴ長官でした。

先ほども少しふれましたが、新政権発足直後から、ブケレ大統領の周囲は側近（友人、親戚など）で固められ、側近の誰かを通さないと大統領と話ができない、意思の確認もできず、こちらの意向も伝えられない、という傾向がありました。政権と議会、裁判所との対立が鮮明化するにしたがってその傾向が強まり、さらに既存の政府機関（官僚組織）を飛びこえ、通常のルートを通さず、側近が担当外の案件にも関わってくることが増えていたようです。

困惑しました。正規の手続を経ないと、日本政府が大統領を招待するという公式訪問にできません。それを説明し、外務省からの要請はどうなるか尋ねると、「大統領からは自分が直接大使と交渉してほしいと言われている。外務省はおそらくなにも知らない」と答えます。外務省を通さないと、いわゆる「押しかけ訪問」という形になると重ねて説明しましたが、それでかまわないようで、さらに「訪日と安倍総理への面会が可能かどうかわかるまで、外務省ではなく、自分だけとコンタクトしてほしい」と、外交的にはなんとも奇妙な依頼をされました。

日本がアジア最初の訪問国。日本の後に中国も訪問？

ブケレ大統領は就任後、まだアジアへは出かけていません。訪日の前後に中国や韓国は訪問しないのかと聞くと、その予定はない、とのことです。実現すれば日本がアジア最初の訪問国となります。それは日本にとってありがたいことではあるのですが……。

このやりとりを本省に連絡したところ、それが大統領の要望なら、ということで公式訪問の形を取らないことになり、そのうえで安倍総理の日程を取ることはできました。

ここまで進んだ後、エルサルバドルの外務省は自国の大統領が日本を訪問することを知らされたようです。以後は大統領府儀典局長が窓口となって随行者、ロジ（ロジスティクス＝後方支援。交通機関手配、宿泊手配、会談場所設定、食事、報道対応その他もろもろ）関係の詳細を詰めることになりました。しかし離日日程や帰国フライト情報をはじめ、いくつもの重要事項について問い合わせへの返答がなかなか来ず、本省も含めて日本側関係者はやきもきしていました。私は、ひょっとして日本の後にどこかを訪問するつもりではないか、と疑心暗鬼になっていました。

嫌な予感は当たりました。大統領のエルサルバドル出発の数日前になって、日本の後に中国を訪問し、さらにカタールも訪れることが内々に判明したのです。

いずれにしてもブケレ大統領は予定どおり日本に向けて旅だちました。

２０１９年11月28日、ブケレ大統領は夫人同伴で日本を訪れ、29日には安倍総理大臣と40分間、会談しました。いろいろありましたが、大統領就任後初のアジア歴訪の最初の訪問国が日本であったことは、ブケレ政権が対日関係を重視し日本を尊重していることの表れであったといえます。首脳会談では両国間の友好関係の促進、開発協力の継続が謳われました。公式訪問ではないので、共同声明は出しません。大統領の天皇陛下への拝謁も、公式訪問ではないのでセッティングされません。また、国家元首の日本公式訪問であれば、私のような大使も日本へ同行するのですが、それもありませんでした。2か月あまり、大統領訪日問題にふりまわされつづけた私は、無事、実りある訪日になるよう、エルサルバドルから見守るしかありませんでした。

安倍総理夫妻主催の夕食会にはエルサルバドルになじみの深い民間企業や大学のトップも同席し、大統領夫妻となごやかに話が進んだと聞いています。12月1日まで日本に滞在した大統領はJETROを訪問し、メキシコに進出している1300社あまりの日本企業のうち、2パーセントの25社だけでも、エルサルバドルに投資してほしい、と要望しました。この件は継続事項として、現在も検討されているはずです。

ブケレ大統領の日本訪問は、経済面で具体的成果はありませんでしたが、日本側にエルサルバドルが親日国家であると印象づけるのには成功したといえるでしょう。

4日間の訪日を終え、ブケレ大統領は日本から中国に向かいました。

なお、このアジア諸国外遊にはエルサルバドルの報道陣も大挙して同行し、訪日直後に「ブケレ大統領のアジア歴訪」という記事が出ました。すると韓国大使から、自分はアジア歴訪なんて聞いていない、中国に行くのも知らなかった、なぜ韓国を訪問しないのか、と詰問されました。そう言われても困ります。私だって中国訪問は直前まで知らなかった。韓国大使にはエルサルバドル外務省に問い合わせてほしい、とだけ返事しました。けっきょく韓国は、別の機会にブケレ大統領が韓国を訪問するよう要請したようです。

無償援助大盤ぶるまいの中国。でも対米関係が最優先

訪日のあと、中国を訪れたブケレ大統領は、多くの無償協力案件を獲得しました。そのほとんどが、大統領みずからＴｗｉｔｔｅｒで発信した「返済不要」の資金援助です。

就任から訪中までブケレ大統領が中国との関係についてあまり語っておらず、ヒル外務大臣と中国大使との関係もよくなさそうという観測だったのですが、いきなりの方向転換でした。

経済力にものを言わせた中国の国家戦略が功を奏したともいえます。

中国からの無償援助案件は、国立図書館建設、巨大スタジアム建設、上水道システム改善など多岐にわたり、想定総額５億ドルという、前政権が獲得した援助を大幅に上まわるものでした。もっともＣＯＶＩＤ‐19の影響もあり、人的交流が進まず、プロジェクトはほぼすべて延期状態になっていますが。

訪中を境に中国への対応に変化が見られたとはいえ、ブケレ大統領の外交政策の基本は、対米関係最優先です。米国もまた、対エルサルバドル関係を重視しています。

米国の議会関係者の一部は、ＣＯＶＩＤ-19対策におけるいくつかの措置（強制的な隔離措置や治安部隊による違反者の拘束など）についてエルサルバドル国民の人権や民主主義を損なうとして批判しています。

しかし、トランプ前大統領の移民政策を支援して不法移民問題に取り組み、治安問題においても一定の成果を挙げている（１４２ページ参照）ブケレ政権を米国政府は高く評価し、同政権を支援するという立場を取っています。

在エルサルバドル米国大使は、ブケレ大統領が同席する記者会見で「エルサルバドルは米国と基本的価値を共有しており、米国のパートナーである」と発言するなど、ブケレ政権に寄りそう姿勢を明確にしています。

したがってブケレ政権も、中国から多額の無償援助は受けるものの、中米への中国の影響力が強まるのを警戒する米国への配慮が鮮明です。とはいえ、この中国の強大な経済力がやがて、懸案のラ・ウニオン港問題に及んでくることになるのですが。

それにしても、米国に最大限配慮しつつ、アジアで最初に訪問することで日本の歓心も獲得し、そのうえで両国に気取られることなく電撃的に中国を訪問して莫大な無償経済援助を引きだす、というブケレ大統領の立ちまわりを見て、若くてもバランス感覚にたけた優秀な政治家だなと感じるとともに、今後はよりいっそうの情報収集と慎重な状況分析、行動を心がけることにしました。

理想は高いが、実現性に乏しいブケレ政権の経済政策

ブケレ政権の経済政策はどうか。かつて70年代には「中米の日本」ともいわれたエルサルバドルですが、10年以上つづいた内戦の傷跡は深く、社会も経済も不安定で低水準にとどまっています。ブケレ大統領は、ふたたび「中米の日本」と呼ばれるようになりたい、と発言しており、日本とのさらなる経済界の人的交流が求められています。

サンチェス・セレン前政権は、２０１４~19年の在任期間中、あらかじめ国家開発5か年計画を発表し、持続的な成長モデルによる雇用の創出を目標にしていました。毎年その計画の目標数値に対する実績を検証し、目標未達の場合はその原因と対策も公表していました。とはいえ資金調達ができず、ほとんどの目標が未達でしたが、その手法は民間企業にも通じるところがあり、民間出身の私としては好感度が高い施策でした。

いっぽう、ブケレ大統領は、「経済飛躍計画」というスローガンを掲げて選挙戦に勝利しました。しかしその時点では、計画のビジョンと数値目標は発表されていませんでした。

経済飛躍計画とは、別名「クスカトラン計画」とも言い、太平洋鉄道建設、東部地域太平洋空港建設、サンサルバドル都市圏新交通構想など新政権が実現させたいインフラ整備計画の総称です。ただ、その経済効果、資金調達法、実施・運営形態（ＰＰＰ〈Public Private Partnership〉＝官民連携なのか、民間主体なのかなど）、借入資金ならば返済資金の手当計画といった、経済飛躍計画の実行にあたって決めねばならない具体的な内容については、明確にされていませんでした。

つまり、ブケレ新政権の経済計画のすべては、これから決めていくという状況でした。

強みはあるが経済状況は不安定。舵取りは難事業

エルサルバドル経済の現況をざっと見てみましょう。

内戦前、エルサルバドル経済は、良質な綿花と藍の輸出で潤っていました。しかし現在では両者とも主要輸出品ではなくなり、産業面では、サトウキビやコーヒー栽培を中心とする農業、外国企業の投資による繊維ほかの軽工業が中心となっています。他の中米諸国と似通った産業構造です。それでも、２００１年から通貨を米ドルにしていること、サンサルバドル空港が中米のハブ空港となっていること、エルサルバドルの民間企業が他の中米諸国に投資して統一したビジネスモデルを作っていること、などがエルサルバドル経済の強みであり、将来的な発展

の足がかりだと思われます。

なお、通貨に関しては２０２１年6月にビットコインもドルに加えて法定通貨とするとブケレ大統領が声明を出しましたが、その目的と効果はどうか、どう運用していくのか、は今後とも注視する必要があります。

ＧＤＰ成長率は私の着任前から、消費活動の活発化に支えられて年間2パーセント台で推移していましたが、ＣＯＶＩＤ－19による打撃は大きく、２０２０年のＧＤＰ成長率はマイナス8・6パーセントに落ちこみました。さらに30億ドルの国債発行が追加承認され、公的債務が対ＧＤＰ比90パーセント超にまで増加する見とおしです。国家の信用格付がＣランクまで下落し、デフォルトの可能性についても国内外のメディアが言及しています。

２０２１年のＧＤＰ成長率はエルサルバドル中央銀行発表では9パーセント。インフレ率は1パーセント前後、輸入が約１００億ドル、輸出は約55億ドル。しかし45億ドルの貿易収支赤字分を、前にもふれた米国からの家族送金で補い、国家としての総合収支はほぼ均衡しています。

こうした、強みはあるが不安定な経済状況をいかに改善し、エルサルバドルを発展させていくか。その舵取りをするブケレ政権になにより必要とされるのは、「成長へのビジョン」なのですが、どうにもそれが見えてこないのは不安材料でした。

ブケレ大統領は、3人の実弟を私設顧問として大統領府に自由に出入りさせており、閣僚でさえ彼ら経由でないと大統領に意見具申ができないことが多く、なかには大統領と直接にはまったくアクセスできない閣僚もいました。大統領訪日問題で私が経験した、閣僚の職掌の混乱、官僚組織の軽視、は日常茶飯事になっていました。

国会議員&全国市長選挙で大勝。大統領の権力強化が進む

行政府にあっては政権の意思決定プロセスがあまりに不透明、立法府では所属政党が第3党であるため国会運営は思うにまかせない。司法との対立も深刻化するばかり。大統領の政治基盤は脆弱に見えました。大統領選挙での得票率53パーセント、就任直後の世論調査での大統領支持率93パーセントという国民からの高い期待と支持率とはまったく見合いません。

大統領としては、国会における支持基盤が強固になるまで、つまり2021年2月の国会議員選挙までは国会や裁判所をときに力でおさえつけつつがんばる、というのが基本戦略だったのだろうと推察します。私の離任後、2021年2月28日に国会議員選挙と全国市長選挙がおこなわれました。ブケレ大統領は選挙に先がけ、GANAを離れて新党Nuevas Ideas（略称NI／新思想党）を立ちあげます。大統領への圧倒的な国民の支持を背景に、NIは全84議席中55議席を獲得、市長選でも大勝。これで大統領は国会運営で頭を悩ませることはなくなったわ

けです。制度上は行政府と立法府の協働によるスムースな国家運営が可能になったということですが、いっぽうで行政府に対するカウンターバランスとしての役割を国会が果たせなくなる危険性もあります。ブケレ政権の権威主義的な性質がより前面に出てきそうです。言い換えれば、独裁化が進行する危惧が強まったということです。

2021年9月、最高裁判所が憲法の規定を覆し、大統領の再選を認める判断を示しました。そして2022年9月17日、ブケレ大統領は2024年の大統領選挙に出馬を表明しました。ブケレ大統領は大統領再選の規定を含め、憲法改正を目指す意思を明確にしており、権力の集中化につながる懸念が指摘されています。

ただ、国民の大多数は生活水準の向上や治安改善を実現してくれるという強い信頼を大統領に寄せています。政治討論よりもSNS活用が得意なブケレ大統領への支持は就任時から変わらず高い。SNS、特にTwitterを駆使して広く国民に訴えかける政治手法が功を奏しています。また、就任時、閣僚16名の男女比を1対1にしたのも効果的でした。新閣僚の大半は官僚ではなく、NGOや国際機関、市政や民間企業でキャリアを積んだ市民派と呼ばれるメンバーであったのも、国民から支持を集めた理由のひとつでしょう。

こうした状況下、大統領と国民の中間に位置する政界、経済界がブケレ政権の施策にどのように対応するか、エルサルバドルの政治状況からは目が離せないと思います。

大統領選挙で大勝したナジブ・ブケレ氏を表敬訪問。1981年生まれ、就任時37歳のブケレ氏は中南米でもっとも若い大統領となった

第七章　開発協力に燃える

開発協力のための政策協議

赴任前、本省の国際協力局から、日本政府のエルサルバドルへの開発協力案件について説明を受けました。開発協力には、大きく分けて、有償資金協力、無償援助、技術協力、草の根・人間の安全保障無償資金協力（草の根協力）、国際機関を経由した無償援助、があります。

多種多様な案件について、大使館はＪＩＣＡとともに日本側の窓口としてエルサルバドル政府と交渉し、その結果を本省とすり合わせて、開発協力を進めていきます。現地での進捗状況や成果を調査確認し、本省へ報告するのも仕事のひとつです。

これから、私が在任中に関わった開発協力案件について書いていきます。

サンチェス・セレン政権下では、前章で述べたように政府の定めた国家開発5か年計画が策定されていて、それに基づいて各国の開発協力プロジェクトが決められていました。日本大使館では2年に1回、エルサルバドル外務大臣やＳＥＴＥＰＬＡＮ（大統領府技術開発計画庁）長官などと、開発協力関係の政策協議を実施していました。その前に、エルサルバドル側は裨《ひ》益者《えき》（受益者）となる関係官庁とすり合わせ、大使館側は担当する本官が本省とすりあわせ、2～3か月かけて原案を作成し、トップ同士の政策協議に臨んでいました。

政策協議はたっぷり3時間はかかりましたが、質疑応答も盛んで追加事項の発表もあり、非常に有意義でした。5か年計画全体の進捗状況説明や日本が支援している開発協力案件の進捗状況報告もおこない、両国間で開発協力の現状を把握し、今後の方針を確認する重要な場だったと思います。日本の他にドイツなども同様の政策協議をおこなっていたようです。

しかしブケレ政権誕生後は、政策協議が開かれませんでした。われわれはエルサルバドル外務省に対して政策協議の重要性を訴え、開催を促しました。協議の重要性を理解している外務省の国際協力局担当次官からは開催を調整するという発言を何度ももらいましたが、政権上層部は必要性を感じていないのか、それ以上進展しません。そのうち、先にも述べたようにブケレ政権には前政権の5か年計画のような経済計画が存在しないため、政策協議を開きようがないのだ、という事情がわかってきました。

やがて2020年7月、外務省国際協力局の業務が大統領府に移され、新たに独立した組織としてESCO（国際協力機構）が設置されました。同機構はエルサルバドルの国際協力案件を一手に担う機関として設立されたのですが、その機能の定義、範囲が不明瞭だったため、けっきょく日本大使館を含め他国外交団の協力関係のコンタクト先は引きつづき外務省としていました。

しかし外務省から国際協力局をまるごと分離して大統領府に移したため、外務省内に国際協力を扱う部署がなくなり、さらに国際協力に関する知見や経験を持っている職員もいなくなってしまったため、開発協力に関するあらゆる業務に支障をきたしてしまったのです。

さらにＥＳＣＯが発足して数日後にＥＳＣＯ総裁が辞任してしまいました。

新組織を立ちあげたものの、中身の作りが不十分だったため、いろいろと混乱を招く事態になってしまいました。

離任直前の公文書署名

２０２０年夏といえば、すでにＣＯＶＩＤ‐19流行のさなかですが、日本としてはエルサルバドルに対して早急に片づけねばならない案件を2件抱えていました。ＣＯＶＩＤ‐19対応の医療器具提供とＪＤＳ（人材育成奨学計画）と称される、5年間にわたるエルサルバドル政府の若手職員の日本への留学についてでした。中南米においては、エルサルバドルが初めてＪＤＳの対象国になります。前者は契約の署名が遅れれば納期も遅れ、早期感染症対策になりません。後者は日本の年度予算の締切が近づいており、さらに留学する職員を決めて具体的な日程計画を進めないといけない時期でもありました。加えて、私の大使離任時期も迫っていました。

しかし本来なら外務省が窓口になり、外務大臣が私とともに契約書に署名するのですが、ＥＳＣＯが割りこんできて、ＥＳＣＯの代表者が署名するとか、代理署名を保健大臣にやらせるとか、それまでの外務省同士の協力窓口を無視した手続を主張してくるのです。大統領府と外務省の力関係もあり、綱引きのような状況に陥りました。しかもCOVID-19のせいで外出制限がかかっており、関係者をそろえて対面で一気に話をつけることができません。政府各所と何度も何度も電話交渉をくり返し、ようやくエルサルバドルの法律上は外務省が窓口で外務大臣が署名するという、あたりまえの結論を再確認しました。さらに非常手段として、私が外務大臣を訪問して早急に署名してくれるよう直接要請し、大統領府の開発協力担当補佐官にも直談判《じかだんぱん》して、ようやく離任直前に公文書への署名をおこなうことができました。

署名できたのは私の離任月直前、2020年9月。ぎりぎりのタイミングでした。

外務省の説明によると、ESCOは省庁を横断して統括し他国からの協力案件の棲みわけや実務をおこなうだけで、外国政府との調整や契約書への署名は従来どおり外務省が担当する、ということで最終的に落ち着いたようでした。

ブケレ政権の大臣のほとんどは、政治家でも官僚でもなくNGOや民間企業から登用された人材で、行政の実務経験はほとんど持っていません。それでも普通は、政権が交代しても各省庁の局長か部長以下はその職に残り、現場業務がストップすることはないようになっています。それが官僚組織の存在意義です。

しかし、今回のように大統領府が官僚組織から権限と業務を取りあげてしまう場合、よほど巧みに新システムを構築しなければ、大混乱を招いてしまいます。官僚の弊害はどこの国でも問題にされますが、強引に排除するのは決して上策ではない、ということです。

経済効果が不明瞭、サンミゲル市バイパス建設計画

円借款による開発協力案件として、私の着任前、２０１４年に署名された東部地域のサンミゲル市におけるバイパス道路建設があります。２０１９年９月、ロドリゲス公共事業大臣（前職は二輪車輸入代理店の営業マネージャー）からの要請もあり私はブケレ大統領とともにフェーズ１の起工式に出席しました。ブケレ大統領就任後初の大型協力案件の開始を国民にアピールする狙いもあって大統領みずからが出席したのでしょう。大統領が出席するイベントには他国大使にも外務省から招待状が出されます。サンミゲル市はサンサルバドルから車で４時間かかるのですが、私を含め４名の大使が出席していました。大統領と私は仮設テント内の壇上に並んで立ち、ふたりで記念植樹もおこないました。大統領のスピーチは、日本の協力でプロジェクトが進むこと、日本との友好関係をさらに深めたいことなど、日本を持ちあげてくれるもので、日本としてはエルサルバドル国民へのよいＰＲになったと思います。

ただ、大使の任期を終えエルサルバドルを離れた現在、気になっていることがあります。このバイパス建設そのものはサンミゲル市の一般車両による交通渋滞緩和が主目的です。鶏と卵の理論のようですが、物流網整備が先か産業振興が先か、という課題が残っています。産業用

トラックを迂回させて貨物輸送力の強化を図るとか観光需要を高めるとかして、地域の産業振興につなげようというバイパスではありません。「地域の儲け」、つまり経済効果には直結しないのです。個人的な見解ですが、元商社マンの感覚としては、借金返済の原資確保はどうするのか、将来支払に問題が出てくるのではないかと心配になります。

バイパス建設の事業主、言い換えれば経済効果を生みだす責任主体はどこなのかがはっきりしていないのが問題だと思います。起工式は日本の支援への感謝を表明してもらい、パブリック・ディプロマシー（広報文化外交）を促進するには好材料です。しかし、事業主が経済相なのか外務省経済局なのかサンミゲル市役所なのか明確でないので、起工式に「事業主」という席はありませんでした。建設事業を担当する公共事業省は経済効果を議論する立場ではありません。「自分たちは建設事業をするだけだ」という説明でした。

コロナ禍で有効活用できたスタンドバイクレジット

問題案件ばかりではありません。臨機応変の対応で成果を挙げた円借款もあります。

２０２０年初頭から始まったＣＯＶＩＤ‐19の感染流行が3月にはエルサルバドルにも及んできました。このとき、感染者はまだ少ない段階でしたが、先を見こしブケレ大統領から外務大臣を通じて、スタンドバイクレジットを活用できないか、という要請がありました。

２０１５年、日本とエルサルバドルは、エルサルバドルで甚大な自然災害が発生した場合、早急な復旧を可能にするために災害援助目的のスタンドバイクレジット（円借款）を締結しました。簡単にいえば、災害が発生した場合にすぐに融資を受けられるという借款です。その後発生した自然災害復旧にはこの借款は使われていませんでした（実現していないので、エルサルバドルの公的対外債務にも計上されていません）。そこで今回、ＣＯＶＩＤ‐19を自然災害の一種とみなしてこのスタンドバイクレジットの全額を感染者専門病院建設や保健関係器具購入費用にあてたい、というのが大統領の意向でした。その意を受けたヒル外務大臣から私に電話で要請があり、私は本省にかけあうと回答すると同時に、このクレジットを管轄するフエンテス財務大臣（前政権から引きつづき国家財政の要という重責を担っていました）の確認は得ているのか、と質問しました。私は、ただちに本省にスタンドバイクレジットの有効性確認を依頼しました。ヒル外務大臣からは財務大臣の確認を得た、という連絡がすぐに入りました。依頼から３日後、本省からＣＯＶＩＤ‐19は自然災害の一種という解釈で本クレジットを適用してよい、という返事が来ました。

３月半ば、エルサルバドル全土に外出禁止令が出され、空港や政府の建物も閉鎖されました。大使館もＣＯＶＩＤ‐19への対応に追われているなか、日本からエルサルバドル政府の口座に送金する手続を始めるよう指示を出し、自宅にいたヒル外務大臣にスタンドバイクレジット使用が認められた旨を電話で知らせました。大統領からかなりプレッシャーを受けていたのでしょう、ヒル外務大臣は泣きだしそうな声で何度も感謝のことばを私に伝えてきました。

　このクレジットを使って、1か月強でサンサルバドルの国際イベント会場内に、エルサルバドル病院が完成しました。1千人を収容できる中南米最大規模のCOVID‐19感染者対応病院です。さらにクレジットとは別に無償協力案件として、医療機材や衛生グッズ、マスク、防護服なども日本から提供され、ブケレ大統領の日本に対する評価はますます高くなりました。きわめて迅速でしかも大きな効果を挙げた円借款事業でした。

　2015年の締結時にエルサルバドル国会で承認されており、すぐに資金を引きだせる借款だったことが幸いしました。他国政府が新たに借款を用意しようにも、契約交渉や国会審議で時間を費やさざるをえず、このようにタイムリーな対応はできなかったでしょう。締結時のサンチェス・セレン前政権と本省の先見の明、といってもよいでしょう。他国大使からなぜこんなにすばやい対応（借款供与）ができたのかと尋ねられましたが、スタンドバイクレジットを準備していたからだと説明するとみな一様に感心していました。

　自然災害に備えたスタンドバイクレジットのCOVID‐19への活用を思いついたブケレ政権と、それを迅速に認め、処理した本省とのファインプレイだと思います。ただし、これでクレジットを使ってしまったので、将来的に地震、洪水、ハリケーン、火山噴火など甚大な自然災害が起きた場合に備えて、緊急対応用の新たなクレジットをエルサルバドル政府は検討しておくべきだと思います。

いきなり話が持ちかけられ、バタバタと各所と連絡を取りあい慌ただしく進行した案件でしたが、非常に成功した円借款事業だと評価してよいと思います。ただ、私個人的には将来の借款返済の原資を政府がどこに求めるのかが心配です。

機材支援、人材育成、地熱発電……各種支援の取り組み

円借款は資金の貸しつけであり、返済義務をともないますが、開発協力には「無償」の案件も数多くあります。無償の資金援助をはじめ、日本の技術、機材、知識、ノウハウを提供する無償技術協力も数多くおこなっています。

私が着任してから新たに交換公文に署名した案件には、防災機材の無償供与や医療資機材の無償供与などがあります。無償とは、国外から資機材を購入する資金を無償提供するものです。ほかに、中南米ではエルサルバドルが初となるＪＤＳ（人材育成奨学計画）の交換公文にも署名しました。こうした案件は、ＪＩＣＡまたは大使館が中心となってエルサルバドル政府と打合せて計画を作りますが、交換公文には資金を出す日本政府を代表して大使が署名する決まりになっています。

ＪＤＳはエルサルバドル政府、公社公団、大学の若手職員が組織マネジメントや各種技術を日本の大学院で習得するというプロジェクトで5年間にわたりのべ40名ほどが派遣されます。158ページでも書いたようにＣＯＶＩＤ－19のせいでギリギリのタイミングで計画書ができ、私の離任直前の署名となりました。留学者の派遣は2021年4月からの予定でしたが、ＣＯＶＩＤ－19のために開始時期が延び、10月にようやく留学者が来日できました。留学者たちは、エルサルバドルに滞在していた際に、オリエンテーションを遠隔オンラインで受けていて帰朝後の私にも声がかかり、2021年9月に2日間にわたってオンラインで講義をしました。エルサルバドルは今まで多くの留学生や研修生を日本に送りこんでいて知日家も数多くいますが、この留学者たちも日本で得た知識や経験をエルサルバドル帰国後に存分に発揮し、加えて日本に関する情報の発信にも寄与してくれることを期待しています。

技術協力としては、算数教育、地熱井調査、人間的出産（分娩を自然の営みとして過度の医療介入を避け、女性と赤ちゃんの力を最大限発揮できるようケアする出産のスタイル）、シャーガス病（寄生虫の一種による感染症）対策、といった案件があります。

国際的にまだ低い水準にとどまっているエルサルバドルの小中学生の算数・数学レベルの向上を目指す技術協力がＥＳＭＡＴＥ（初中等教育算数・数学指導力向上プロジェクト）です。5年契約（2014～19年）で日本から専門家も多く常駐して小中学校の算数・数学の教師の教えかたや教科書の改善などを指導し、公立学校の全生徒に算数の教科書を配布し、自宅で予習復習ができるように援助しました。

それまでエルサルバドルでは教科書を他人と共用している生徒が多く、教科書に書きこみしたり、自宅に持ちかえって自習したりできないのが普通でした。実際に小学校の算数授業を見学しましたが、教師は話しながら生徒たちの席をまわり、わかっていない生徒にはその場で個別指導していました。従来は教師が教壇から動かず生徒の理解度を無視して話すだけだったそうで、日本の専門家によるこの改善が生徒たちの理解度向上に大きく効果があったと聞きました。5年契約は終了しましたが、エルサルバドル教育省が熱意をもってプロジェクトの成果を継続発展させていると聞いています。

地熱井のポテンシャル調査協力も東北大学が中心となりエルサルバドル側の大学と協働して5年契約で調査の技術移転を進めています。調査機器も日本から供与しています。エルサルバドルは20以上の火山を有していて、日本同様、地熱資源の宝庫です。地熱発電所は30年ほど前に2か所（西部地域のアウアチャパンと東部地域のベルリン）に建設されていますが、タービンほかの設備は日本製です。地熱井の調査開発が進み、発電量が増えれば、将来的にはクリーンエネルギーの輸出国を目指せると期待しています。

「ODA BEYOND（開発協力の次に）」という未来を開こう

私が交換公文に署名したプロジェクトに、IOM（国際移住機関）との連携無償として「エルサルバドルの東部地域における潜在移民及び帰還移民の若年層に対する訓練及び起業に焦点を当てた再統合支援計画」という長いタイトルのプロジェクトがあります。

エルサルバドル東部地域は経済発展が遅れており、米国はじめ海外への合法、非合法移民が多く発生しています。前政権時代から、東部地域開発は国家の大戦略のひとつであり、日本政府もさまざまな協力案件を進めています。前出のラ・ウニオン港建設、港湾ターミナル運営のための人材育成専門学校への支援、サンミゲル市バイパス建設をはじめ、一村一品運動や牡蠣養殖事業への支援などをおこなっています。こうした東部地域振興、帰還移民の職業訓練や起業に関する支援はエルサルバドルだけでなく、この東部地域からの不法移民根絶を望む米国からも高く評価されています。

開発援助が日本にもたらす効果もあります。

政府開発援助を利用して、エルサルバドルに日本のさまざまな中小企業の製品が供給されています。もともとは中小企業の海外進出支援が目的ですから、製品を供給して終わりということではなく海外進出促進につなげねばなりません。たとえば落石防護柵製造会社が無償案件で彼らの製品を供給した後、エルサルバドルにビジネスチャンスがあるのではと進出調査を始めて、私も面談したことがあります。こういう、開発協力をきっかけとした海外進出の取り組みはぜひとも実現してほしいと思います。こうした取り組みを私は「ODA BEYOND（開発協力の次に）」と名づけました。一般化したことばではありませんが、こうしたスローガンを掲げて、中小企業の海外進出をさらに支援できる仕組作りを期待したいと思います。

「一村一品運動」を展開

ＪＩＣＡは２０１２年からエルサルバドルにおける地域開発戦略として「一村一品運動」を促進するための制度化支援を進めています。専門家を派遣し、ＣＯＮＡＭＹＰＥ（国家小零細企業庁）の職員や地域の人材育成を支援しつつ戦略ガイドライン設定に取り組んでいます。すでに１００を超える市（自治体）で熱心に運動が展開されています。前政権でも現政権でも、ＣＯＮＡＭＹＰＥ長官とは親しくなり、生産物の輸出法やビジネスの拡大法について、商社時代の経験も踏まえていろいろ話をしました。

たとえば、西部地域のサンロレンソ市では、ホコテという果実が豊富に収穫されます。それをジャムなどに加工して、国内での販売に加え米国に移住したエルサルバドル人向けにノスタルジック商品として輸出していました。しかし、生産者に話を聞くと、ジャムを入れるガラス瓶や梱包材料はグアテマラから輸入するのですが、その手続を零細農家がおのおのグアテマラの同じサプライヤーに資材代、輸送料、通関料を支払って輸入し、また製品の輸出手続も同様で農家が個別におこなっています。これでは非常に非効率的でコストもかさむ。

零細農家が集まってまとめて注文して買いいれ、まとめて輸送して地域内で分配すれば、材料コスト、輸送や梱包のコストが大幅に削減できるし、手続も効率化できます。輸出だってまとめて手続して、まとめて運ぶほうがはるかに簡単で安くあがる。

そうした助言に加えて、債権確保、米国での拡販とバリューチェーン構築を目的として、CONAMYPEが主導して協同組合を作るか、生産者と民間の輸出会社が合弁で貿易商社を設立してはどうか、と提案しました。こうすれば、生産者は生産に特化してさらによい商品を作ることに専念し、協同組合や商社は貿易全般について効率化とコスト削減を常に図る、と役割分担できます。このアイデアは受けいれられて、CONAMYPEが旗ふり役となって検討されています。

こうした話をしていたからでしょうか、輸出実務や輸出戦略について講演してほしいと依頼され、ホテルのイベント場で約100名の生産者や輸出業者を前に話をしました。

「輸出とは商品やサービスを外国に売ることで自国のブランドを高めること」と定義づけて、輸出実務、バリューチェーンの仕組、輸出商社の必要性、グローバル企業の要件などを60分間講義しました。

大使としては異例のできごとで、本来の職分からは少しはずれているかもしれませんが、これも民間企業出身の私が大使に登用された意義のひとつではないか、と考え、気合いが入りました。当日は、前職の経験と知見を大いに生かして（われながら）熱く語りました。

「草の根協力」の意義と支援の必要性

一般には「草の根協力」とか「草の根無償」と呼びますが、正式には「草の根・人間の安全保障無償資金協力」です。これは日本大使館とエルサルバドルの地方の被供与団体が契約するもので、毎年10件ほどの無償案件が実施されています。

１９９０年から始まり２０１９年度までの30年間の実施プロジェクト総数は４２７件、プロジェクト総額は約３６００万ドル。公立学校の校舎や厨房、トイレの修復や新設、上水道整備を中心とした各種プロジェクトを実施しています。裨益者は約１４０万人にのぼり、子どもたちの学習環境の改善や住民の上水へのアクセス向上をもたらしています。人口６５０万人のエルサルバドルにおいて、このスキームが与える効果は高く、親日感情の醸成にも役立つものになっています。「草の根協力」30周年の記念式典を計画しましたがＣＯＶＩＤ－19により実現できなかったため、外務大臣、保健大臣、私のメッセージとともに各地の裨益者のコメントや整備された現場を収録したビデオを作成して関係者に発信しました。

学校の校舎修復、設備新設などは要請を受けて、大使館から建築、環境、全体コーディネートをおこなう4名の委嘱チームを現地に派遣し、現状を把握して改善を検討します。そのあと、私にプロジェクト承認申請がまわってきますが、現地で撮ってきた写真を見ると校舎の壁がない、屋根が一部飛んでいる、トイレの便座はひび割れて汚い、厨房は土間で衛生状態も劣悪……こんな環境で生徒が勉強していると思うと何とかしなければ、と強く思います。

平均収入が少ない山間部や農村地区では上水道が整備されておらず、子どもたちが毎日朝早くから川や池まで2～3時間歩いて水を汲みに行かされるため、学校に通う時間がない、あるいは疲れきって学校に行けなくなってしまう子どもも数多くいます。こうした事態を解消するためと地域全体の保健衛生の向上のために、上水システムを設置することが必要でした。

こうした要請が年間30件ほどあり、プロジェクトの有効性を検証して10件ほどの支援を決定します。契約書の署名式は大使公邸でおこない、被供与団体代表や当該地域の市長、および来賓として教育大臣や保健大臣の列席もあおぎ、大使館の活動を広報するとともに、支援する地域の実情や支援の効果について意見を交わします。収入が少なく生活するだけで精いっぱいで、学校や上水整備への支援でどれだけ地域が助かっているかという生の声を聞くと、支援の必要性と意義をあらためて強く認識しました。

子どもたちの笑顔がやりがいと達成感に

契約書に署名後、だいたい6か月後には学校の修復や上水道整備が完成しますので、毎年約10件の竣工式がおこなわれます。これには必ず出席することにしていました。大使本人の出席と代理の出席では地域住民の受けとりかたがまったく異なることに加え、私自身、地域住民とじかに交流したいと思っていたためです。２０２０年3月に外出禁止令が出されて新規の契約書署名式や竣工式が開催できなくなるまで、13県で合計25件ほど、各地の式典に参列し、地域の人びとと話をしました。ソシエダ（モラサン県）、サンアグスティン（ウスルタン県）、アパネカ（アウアチャパン県）といった、地方の小さな町の式典に参加するため、車で現地に向かっていると、家も耕作地もない山道をどんどん車が進んでいき、こんなところに学校があるのか、道を間違えたのではないか、と心配していたら、やがて家屋がぽつぽつとあらわれ集落が見えてきて、安堵したこともありました。

ある学校は、小中学校合わせて50人ほどの規模でしたが生徒たちが紙で作った日の丸の旗で私を出迎えてくれました。式典では市長、被供与団体代表、大使の順番でスピーチします。その後、民族衣装を着た現地の子どもたちが踊りを披露し、彼らが手作りした記念品が私に贈呈されます。式典のようすは現地の新聞に日本大使館の援助で学校が新しくなったこととともに報道され、日本のイメージアップには役立ったはずです。式典後には現場視察もあり、修復前

「草の根協力」でおこなった学校修復作業の完成式典のようす。エルサルバドルと日本の国旗を持った生徒たち

元商社マンとしての経験や知見を生かし、輸出実務や輸出戦略に関して地域の生産者や輸出業者を前に講演をおこなう

の写真と比べると段違いにきれいになった壁や屋根、諸設備を見ると、生徒たちに喜んでもらえればいい、と心から思いました。

式典中は仮設テント内の貴賓席に座っていないといけませんが、式典前や現場視察後には必ずテントを出て、生徒や地域住民の方々のもとへ行き、暮らしの実情、地域の農作物の話、子どもたちの将来の夢など、いろいろと話をしました。彼らにとっては日本人を見るのも初めてでしょうし、大使とは何ものだ、という感じで最初はぎこちない会話ですが、だんだんとフランクに話してくれるようになり、笑顔も見せてくれます。また、式典会場に来ていた母親たちの希望もあり、子どもたちや母親といっしょに何十枚もの記念写真を撮りました。短い時間でしたが、日本大使として自分がいささかでも彼らの役に立ったのでは、と感じさせてくれる思い出深い体験です。

有効な経済援助とは

160ページに書いたロドリゲス公共事業大臣とはサンミゲル市バイパス建設や防災無償案件などの関連で、かなり頻繁に会うようになりました。若いだけにフットワークも軽く、日本大使館にも気軽に足を運んできました。

ある日大使館にやってきた彼から、ブケレ大統領の公約であるクスカトラン計画の一部、サンサルバドル首都圏交通システム建設構想を聞きました。中米の首都圏交通システムとしては、パナマの地下鉄が先例としてあります。しかしサンサルバドル都市圏では起伏が多くしかも激しいので地下鉄敷設では投資額が高くなります。そこで、モノレールを選ぶつもりだということでした。

私はひととおり計画を聞いたあと過去の知見に基づいて、モノレールよりＡＧＴ（自動軌条式輸送システム）のほうがメリットは多いのでは、と意見しました。ＡＧＴはモノレールよりも投資金額が低く、鋭角なカーブにも対応できコンパクトな設計が容易です。しかもゴムタイヤ走行のため騒音も少なく、かつ単位あたりの輸送能力人数もモノレールより多いからです。日本では「ゆりかもめ」はじめ10路線の運行実績があることを伝え、ＡＧＴを並行して検討してはどうかとアドバイスしました。

その後、ロドリゲス大臣は日本企業にコンタクトして詳細な情報を得たようで、モノレールではなくAGTに切り替えて検討を進めたいと言ってきました。ブケレ大統領まで報告して同意を得ているということで、円借款供与の可能性があるか検討してほしいと依頼されました。

しかし、私は大統領府からインフラプロジェクトはＰＰＰ（Public Private Partnership／官民連携）が前提であること、円借款ではＬａ　Ｇｅｏ（地熱発電会社）の新規地熱発電所建設を考えていることを聞いていました。そこで政府内で方針が変わったのか、本件は財務省も了承済みかと尋ねたところ、まだ自分の構想段階であるという返事でした。

私は、バイパス建設と同様、建設そのものの責任が公共事業省にあるとはいえ、プロジェクト全体を進める事業主は不明確であることを指摘しました。そして本来ならば事業主が相談にくるのが正しい手順であること、事業主は経済効果や住民の福祉向上といったプロジェクトの目的を定め目的達成のあかつきにはどのように借款の返済原資確保が見こめるかというところまで計画を整えるべきであること、を説明し、こうした条件がそろわないと日本政府は借款を検討しがたいという説明をせざるをえませんでした。

また、日本からの借款の目的は地熱発電か首都圏交通システムかどちらかひとつに絞るべきで、一度に複数のプロジェクトのために外国政府に借款を要請するのは、公的対外債務としてよろしくない。なぜなら複数のプロジェクトが同時にそれぞれの目的を達成して利益を生むとは考えづらい、つまりいつどうやって借款の返済原資確保ができるか見とおしづらく、ひいては国家財政の悪化を招くことになる。といった問題点を説明し、財政の健全性をよく検討したうえで、プロジェクトの優先順位を決めて借款供与を求めるかどうか検討するように依頼しました。新交通システム計画そのものは現在も進行中のはずですが、インフラ導入が手段ではなく「目的」化してしまっていてはプロジェクトの成功はおぼつきません。いろいろな意味で、ラ・ウニオン港の二の舞にならないことを祈ります。

第八章　ラ・ウニオン港の活性化

「東部地域経済特区構想」で港の運営権が焦点に

第二章で概要を説明したラ・ウニオン港をめぐる問題が深刻化していました。時計の針をサンチェス・セレン政権時代に戻します。

2018年に入り、中国との外交関係樹立の噂が本格化してきたころ、エルサルバドル政府から「東部地域経済特区構想」が打ち出されました。国土全体の4分の1を占める広大な地域を対象とした構想でした。

そして2018年8月、エルサルバドルと中国の国交樹立が締結されます。

この経済特区が作られれば中国資本がいっせいに進出し東部地域が発展する、ラ・ウニオン港を利用した貿易も活発になるだろう、ただし、経済特区の土地は政府からの賃借ではなく中国資本が買い取る形になるのでは――つまり経済特区が中国の半領土化してしまうのではないか、という観測を新聞が連日報道していました。さらにラ・ウニオン港近くの小さな島の3分の2を占める個人所有の土地を中国企業がまるごと買収した、という新聞報道を契機に野党や経済界から中国の脅威を警戒する声が高くなってきました。しかし報道によれば、外交には関心が薄い東部地域の住民の間では、土地売買で金もうけができそうだし経済特区への中国企業進出で雇用の大幅増が生じるので助かる、と好意的な反応がほとんどでした。

ラ・ウニオン港の運営は民間へのコンセッション（運営委託）が大前提です。完成当時、入札企業があらわれなかったので、暫定的に政府機関ＣＥＰＡ（空港・港湾運営委員会）が運営していますが、再度国際入札がおこなわれるのではという観測も流れていました。

中国の外国投資に関する法律に、国交のない国への投資は中央政権トップの決裁が必要という条件があります。したがって、中国資本が国際入札に参加しようとしても、この決裁を受けるのは非常に困難をともなうようです。しかし今回エルサルバドルと国交を結んだことで、ラ・ウニオン港運営への投資、経済特区への投資は大幅に容易になったわけです。

国際入札公示をめぐる動き

港の運営権の国際入札公示がどうなるかが世間の注目を集めていました。

２０１９年２月には大統領選挙が控えています。サンチェス・セレン政権としては、それまでに入札をおこない、東部地域開発実現への道すじをつけた、という成果を挙げたいと考えたのでしょう。

しかし入札公示はおこなわれないまま２０１９年に入り、大統領選挙を迎えることになりました。法律上、選挙キャンペーンに利用されるのを避けるため、大統領選挙１か月前からは公共入札公示が停止されます。

さらに経済特区構想については、野党が廃案を目的とした対案を国会に提出しました。けっきょく結論が出ないまま時間切れとなって、経済特区構想もひとまず棚あげされることになりました。

港の活性化計画を提案

２０１９年４月、ブケレ大統領が就任する前に、本省の局長を迎え意見交換の場を持ちました（１４０ページ参照）。新政権からは前政権同様、コンセッションを前提に民間企業によるラ・ウニオン港運営の国際入札を実施し、早く港の活用を図りたいと意向表明がなされました。そこで、こちらからは次のような意見を申しいれ、かつＪＩＣＡの専門チームによる１年間の再調査をおこなうことを提案しました。

■西部地域のアカフトラ港は政府（ＣＥＰＡ）直営、ラ・ウニオン港は民間による運営で適正な競争ができるか疑問。そこでコンテナ船はラ・ウニオン港のみに入港させるというルールにできないか。当面は政府が運営して採算のめどがたってから民間にコンセッションするほうが、けっきょくは政府のコンセッションフィー収入も多くなるのではないか。

■米国東海岸向け物流を目的としてドライキャナル構想（71ページ参照）を復活させれば、ラ・ウニオン港の取扱貨物量も増えるし東部地域でのサービス業を中心とした産業振興も進むのではないか。ラ・ウニオン港の現状で入札を実施しても応札する企業がいないと思われるので、将来ドライキャナルを作ることを前提にして入札公示をしてはどうか。
■東部地域開発にはまずエルサルバドル国内企業が投資意欲を見せる必要がある。そのために具体的な東部地域開発戦略と投資に対するインセンティブを打ちだすべきではないか。
■短期的にはラ・ウニオン港を少しでも稼働させるために中米諸国の太平洋側をつなぐフェリー航路を開設し、入出港オペレーションをおこなってはどうか。
■以上を踏まえて、ＪＩＣＡの専門チームによる調査を２０１９年10月から開始する。その報告書を待って、国際入札を実施してはどうか。

この申し入れに対して、ブケレ次期大統領は、とりあえずＪＩＣＡ専門調査団の報告を待つことにして、安易な入札はおこなわないことを約束してくれました。ラ・ウニオン港活用に関しては、性急に先に進めても成功しないだろうと見ていたようです。

その後、ＪＩＣＡの調査が始まり、中間報告がＣＥＰＡに提出され、その説明会も開催されましたが、２０２０年春から始まったＣＯＶＩＤ－19の感染流行によって空港が閉鎖され、ＪＩＣＡ調査団も現地に入れなくなり、現地での検討作業はストップしていました。

ただ、この間にブケレ大統領の訪中と中国からの大規模な無償援助獲得（１４７ページ参照）があり、ブケレ政権と中国との距離がだいぶ縮まっていました。したがってラ・ウニオン港活用と東部地域開発について、中国側が政権にいろいろ働きかけているだろうと推測され、いずれまた大きなヤマが来そうな予感がしていました。

なお、先の諸提案のうち、中米諸国を結ぶフェリー航路に関しては、ブケレ大統領とコスタリカのカルロス・アルバラード大統領が6月のブケレ大統領就任式の際に会談し、ラ・ウニオン港を利用して2国間でフェリーを運行する構想がまとまりました。この背後にはエルサルバドルとコスタリカの間に位置するニカラグアの治安悪化のためコスタリカ・ニカラグア間の陸送が困難になり、物流が滞っていたという事情があります。その後、コスタリカの民間物流会社が中古フェリー船を調達して週3往復の便を運行するという計画が立てられると、エルサルバドル政府はいちはやくフェリー貨物の税関事務所と資機材を準備し、事務所の開所式をおこないました。私も招待されて参加し、スピーチしました。

しかしこの件に関して、在エルサルバドル・コスタリカ大使から情報交換したいと申し出があり話をしたところ、「予想される貨物量で採算が取れる見通しは?」「クォーターランプ(船と岸壁をつなぐ傾斜路)を備え、必要な仕様を満たす中古フェリー船の調達は?」「中古でもフェリー船購入には数千万ドル必要だが、その資金は?」「コスタリカ側の港の改良、トラック駐車場拡張の工事資金は?」「予定されている物流会社は海上輸送の経験を持っていないがだいじょうぶか?」といった私の意見にコスタリカ大使はまったく回答を持っておらず、コスタリカ側の準備が非常に不十分であることは明白でした。

エルサルバドルの側にも問題はあります。ラ・ウニオン港の現状の埠頭ではクォーターランプフェリー船の接岸には対応できず改良工事が必要です。

このフェリー航路開設には期待していたのですが、私の在任中にはフェリー船も見つからず、運行は始まりませんでした。諸問題が解決し、早く中米太平洋側のフェリー航路構想が前進することを望みます。

サンサルバドルから北東
に車で1時間ほどの距離に
ある地方都市スチトト。
美しい石畳の道が名物

エル・ボケロン国立公園内のクレーター。サンサルバドルから車で30〜40分
程度で行ける観光名所。直径1.5キロメートル、深さ約900メートル

第九章　産業振興に尽きる

日本企業、エルサルバドル企業への支援と「企業懇談会」

大使館のミッションのひとつに日本企業のビジネス支援があります。

私の在任中、具体的な日本企業のビジネスへの支援としては、各種相談（滞在ビザ、税金、治安対策、感染症対策など）への対応、日本企業の意匠問題や入札案件での競合先の不正問題への対応などをおこないました。また、エルサルバドルへのハイブリッド自動車輸入税免除について大使館からも政府や国会の経済委員長に働きかけ、国会での免除決定にこぎつけました。

こうした、すでに進出してきている日系企業の支援に加え、日本企業のエルサルバドル向け輸出市場調査・日本向け輸入のためのサプライヤー（供給元）調査・貿易制度に関する質問などへの対応、現在進めているビジネスに関する問題対策への支援も求められます。

たとえば、ビジネス開拓を目指してエルサルバドルに出張しようとしている日本企業から大使館に「生産者やサプライヤーとのコンタクトが取れないので支援してほしい」と依頼が来ることがあります。支援業務の一環として対応し、さらに要請があれば出張者のためにアポを取得し最初の打合せに同行もしていました。ファーストコンタクトの後は企業間で直接コミュニケーションを取ってもらい、必要があれば適宜、進捗状況を報告してもらいます。

逆に、エルサルバドル企業から日本企業を紹介してほしいと依頼され対応したこともあります。中古タイヤを日本から輸入したいが情報が得られずコンタクトできないので、大使館からサプライヤー情報を提供してほしいという話でした。日本の中古タイヤはトレッド（溝）が深く（それほどすり減っていない）、そのままの状態で十分使用できるうえに価格も安い、ということです。

しかし、情報をもらおうと本省に報告すると、日本企業とのマッチングであっても、コンタクトしたい企業名やそのコンタクト先の情報を先に外務省に連絡してもらわねばならないというのです。いやいや、現地企業はそのコンタクトしたい会社がわからないから大使館を頼ってきているのです。おかしな話で本省が言うことが理解できません。そこで、大使館独自の判断で複数の業者を調べ非公式情報として依頼してきた企業に提供しました。

大使館では毎年（私の在任中は2月ごろ）、大使館主催の「日本企業懇談会」を大使公邸で開きます。エルサルバドルへの進出企業、日本と輸出入ビジネスをしている企業、政府開発援助プロジェクトや投資を検討する企業、メキシコやパナマなど他中南米諸国に駐在しエルサルバドルを管轄している企業、メキシコＪＥＴＲＯやＪＩＣＡエルサルバドル事務所などに案内を出し、夕方から始め、12〜14社が参加して懇談します。懇談のあとには懇親会を開きます。

大使館の本官が政治、経済、治安状況を説明し、私がそれを踏まえてエルサルバドルの産業の強み弱みと貿易ビジネス、投資ビジネスの機会を述べて参加者にエルサルバドル市場に関心を持ってもらうよう努めました。質疑応答も多く熱のこもった懇談だったと思います。参加者には商社など競合する企業もあるため、個別に具体的な話をする機会を設けることもあります。懇談会前日や当日の午前中に個別に大使館を訪問し、ビジネスの現状を説明してくれる企業もありました。

エルサルバドルでの事業展開にあたり一番の課題は治安問題です。ブケレ政権になって殺人件数はかなり減少しましたが依然安心はできず、ビジネスも投資事業も慎重に進めるべきだという意見が多く聞かれました。

大使館が働きかけて、現地企業との接点を作る

日本企業のビジネス支援には、日本製品を輸入している現地企業との接点を持つことも必要だと考え、「日本製品輸入会社懇談会」を２０１８年1月に初めて開催し、以後毎年継続して開きました。日本製品を輸入する会社のリストが経済省にもＰＲＯＥＳＡ（貿易投資促進機構）にも中央銀行にもなく、大使館の経済班が調査して35社ほどをリストアップしました。日本からのおもな輸入品は、自動車、タイヤ、医療器具、鋼材、繊維材料、雑貨などで、これらの輸入会社を集めて、意見や要望を聞きました。

「日本製品の価格は高い」「エルサルバドル政府の通関手続が煩雑で遅い」「中国製品の品質が向上し日本製品と同等になったため、日本製品の優位性がなくなった」「アジアの日本以外の

国で製造すれば輸入価格も下がると思ったが、日本の本社がシッパー（荷送人、売り手）となるので価格が日本国内での製造品と変わらず安くならない」「日本とエルサルバドルで2国間FTA（自由貿易協定）を締結し、関税ゼロにならないか」「日本のサプライヤー（供給者）のエルサルバドル市場への関心が薄れている」……といった率直な意見が次から次に出てきました。

このうち、大使館が直接対応できるのは通関手続関係で、その他の意見はこの後開催した日本企業懇談会で、日本企業に伝えました。また2国間FTAについては、あるとすれば日本と中米地域とのFTAではないか、と返答しました。日本とエルサルバドルの輸出入の貿易バランスが非常に悪いこと、現状では日本企業からもエルサルバドル政府からも2国間FTAを求める動きはないこと、がおもな理由です。

2国間FTAは難しいと思いますが、日本とエルサルバドルは友好国であるにもかかわらず2国間での条約や協定はいっさい結んでいないのが現状です。友好関係を維持するためにもなんらかの協定が必要ではないか、と私は考えていました。そこで「2国間投資協定」締結に向けて動いてはどうかと外務省に示唆しましたがエルサルバドル政府は対応しきれずにいました。投資協定は、既存の日本企業の法的保護と新規投資誘致には欠かせないもので、話が進めばいいのだがと思っています。

日本企業の投資を呼びこもう

従来の大使館の企業支援とは主として、すでに進出している企業か進出を考えている企業に対してのものでした。日本企業に対してゼロから新規ビジネスを構想してみないかと大使館が呼びかけることは少なかったと思います。しかし私は、親日感情が強い、つまり日本企業を受けいれやすい土壌を持ち、しかも大統領が日本からの投資促進を求めているエルサルバドルという国にいる日本大使として、日本企業に新規ビジネスの対象としてエルサルバドルを見てもらえるようにしたいと考えました。そこでこの国にどのような産業があり、誰がそのプレイヤーなのか、潜在的なビジネスの可能性はどこにあるか、新規ビジネスを起こすにあたっての課題はなにか、といったことを大使館経済班の担当とともに調べることにしました。

エルサルバドルの社会経済の発展に貢献しさらなる友好関係を築くためには、政府開発援助に加え、日本企業の投資が不可欠です。民間企業による投資は開発援助のひとつの形でもあります。その観点からも企業への呼びかけや企業からの依頼への対応はこまめに積極的におこないました。商社の機能のひとつに似た動きだったかもしれません。

まずは現場を知るためにＹＫＫ、ＩＵＳＡ、ＹＡＺＡＫＩ、ＡＶＸ、ＩＮＳＩＮＣＡ、Consorcio Internacional といった日本の事業投資会社を訪問して事業概要を聴取し工場を視察しました。

このなかで、ＩＮＳＩＮＣＡはエルサルバドル政府と日本企業４社との合弁出資による生地製造会社ですが、エルサルバドル政府が外国企業と合弁出資している唯一の企業です。しかし現在では日本からの駐在員はおらず現地任せのオペレーションになっています。社長以下社員全員、熱心に働いていましたが、工場を視察すると作業者の安全確保、工場内のレイアウト、職場環境などに問題が多く、要改善点をいくつかアドバイスしました。その後、改善したので見てほしいと言われ再訪したところ、見違えるように素晴らしい工場に変貌していて感心しました。エルサルバドル人のまじめな国民性が発揮されたわけで、画期的な成功例だと思います。

次に現地の民間企業団体を訪問し、得意な産業やビジネスについて意見を交換しました。団体では、日本の経団連的な団体ＡＮＥＰやＡＳＩ、商工会議所、繊維協会、建設協会、砂糖協会、コーヒー協会、自動車販売代理店協会など。現地民間企業も航空機メンテナンス会社、自動車販売代理店、二輪車・船外機輸入販売会社（ブケレ大統領の弟が経営者）、ビール醸造所、カカオ農園、コーヒー農園、スーパーチェーン、デパート、不動産会社、などを訪問、工場視察にも赴きました。こうした団体、企業から、「投資はエルサルバドル国内ではなく近隣諸国におこなっている」「東部地域には関心がない」「日本とのビジネスはぜひ模索したい」という事実と意向を確認しました。

特産の有望商品。コーヒー、カカオ、藍の将来性は高い

また、日本企業の投資を促す材料になるのではと、エルサルバドルの特産品であるコーヒー、カカオ、藍について、実地調査も含め研究しました。

まずコーヒー。内戦前、１９７０年代のエルサルバドルは中米でもっとも有名なコーヒー産地で、毎年60社ほどの日本企業使節団が訪れていました。エルサルバドルコーヒーの最大の特長は、ナッツ系で香りがいい世界的に希少なアラビカ種ブルボン亜種（以下ブルボン種）が主品種であることです。このブルボン種はかつて世界中で栽培されていましたが、葉に斑点ができて枯れてしまう「さび病」に弱いため、他国では品種改良や別品種への転換が進み、ほとんど栽培されなくなってしまいました。しかしエルサルバドルは内戦でコーヒー研究所が消滅し品種改良が進まず、他国との交流もとだえて新品種が入ってこなかったことがかえって幸いし、ブルボン種がそのまま残っています。

現在はブルボン種（全生産量の50パーセント）、エルサルバドル原産のパカス種（32パーセント）が主要品種で、それに香り、甘さ、バランスが取れた酸味を備えた希少種、パカマラ種も作られています（3パーセント）。現在、栽培面積増加と生産性向上を目指して技術刷新を進めていますが、特に高品質のプレミアムコーヒー生産に力を入れています。

輸出先はブレンド用豆の輸入が多い米国が41パーセント、プレミアムコーヒーを多く輸入し

コーヒー豆収穫の実地体験。木に生っている赤いコーヒー豆を腰に下げたカゴに入れる。右側が筆者

左端が収穫直後、生の赤いコーヒー豆。右端が商品として完成したコーヒー豆。中のふたつは途中経過。焙煎の度合いによって香りも味も変わる

スチトト（184ページ参照）のカフェ。静かな田舎町だが古くから藍染の産地で、保養地としても有名

ている日本が第2位で全体の14パーセントとなっています。日本向けのプレミアムコーヒーは年間4000トン、大手商社を含め約20社の日本企業が対日輸入をおこなっており、今後の対日輸入量増加が期待されています。

コーヒーに関する著書もあるエルサルバドルでは有名なロベルト・ジャック・ヒル氏が経営する複数の農園を訪れました。生産工程の説明を受けたあと、農場をまわって腰にカゴをぶらさげて赤いコーヒー豆の収穫も体験しました。その後、入った瞬間、コーヒーのよい香りが鼻腔を満たす部屋に連れていかれ、コーヒーのテイスティングをさせてもらいました。日本酒やウイスキーの利き酒と同じで、淹《い》れたての熱いコーヒーを少量スプーンで口に注ぎいれ、香りと味を楽しみ、飲みこまずに吐きだします。そして水を入れたコップでスプーンを洗い、別のコーヒーを同じ手順で味わいます。品種や焙煎の違いで味がまったく違っているのがわかり、非常におもしろく興味深い体験でした。

サンチェス・セレン政権の外務次官で一時期外務大臣も務めたハイメ・ミランダ氏とは公私ともに非常に懇意にさせてもらいましたが、彼の案内で大使館の経済班と開発協力班の本官とともにカカオ農園を訪問しました。東部地域のベルリン市に近いコンセプシオン農園です。この農園のカカオはパリの品評会で優秀賞を受賞したこともあり、京都のバイヤーからも声がか

収穫され山積みにされているカカオの実。外側の皮が剝かれ黄色か黄褐色の細長い卵のような形をしている(品種によって微妙に形は異なる)

木に生っているカカオの実。外側を褐色の皮で包まれている(外皮の色は品種によって異なる)

カカオの実を割ると白っぽい果肉があり、甘い香りが漂う。その中にある種子が「カカオ豆」

かったと農園主が話してくれました。その話はけっきょく実を結ばなかったようですが。

現在、エルサルバドルでは国産カカオでは国内需要をまかなえず、ホンジュラスとニカラグアからの輸入カカオが全消費量の約80パーセントを占めています。政府も民間企業もカカオ栽培面積の増大を目指し、国内需要を満たすとともに海外への輸出促進の道も探っています。

サンサルバドル市の国立博物館入口にこの農園直営のチョコレート店があるというので視察帰りに、寄ってみました。買い求めたチョコレートをひと口かじると、今まで味わったことのない香りと味が広がり、絶品でした。直径1センチほどの粒が20個入って20ドルと、かなり高価なチョコレートでしたが、一時帰国の際に土産として友人たちに配ったところ、大好評でした。エルサルバドルのカカオはきわめて将来性が高い産品でしょう。


大使着任後、最初の公式訪問はサンサルバドルから西へ80キロほどに位置するサンタアナ県チャルチュアパ市の近く。マヤ文明のカサブランカ遺跡に、日本の援助も利用して作られたカサブランカ遺跡公園開園15周年記念式典でした。そこで興味を覚えたのが、館内にある藍染《あいぞめ》展示です。そこで初めてエルサルバドルが藍の古くからの産地であり、藍は抗菌作用が強くアトピーなどにも効果があることを知りました。

もともとエルサルバドルは藍の優良な生産国でしたが、内戦のため畑が消滅してしまいました。現在は少量ながら天然藍の生産が復活しています。私は式典参加後にエルサルバドル産の天然藍は東南アジア産より安く抗菌作用も高いという論文を見つけ、化粧品や入浴剤への利用はできないかと考え、サンプルを日本企業に送って効能確認してもらったのですが、はかばかしい結果が出ませんでした。しかし、私が送ったサンプルは藍の葉の部分のパウダーだったのですが、後になって漢方薬やのど飴で使用するのは根の部分だということがわかりました。いずれ、根の部分を再分析すれば商品への活用ができるのではないかと思い期待しています。

なお、エルサルバドルでは、日本からの開発援助として藍染技術指導がおこなわれ、藍染衣服が民芸品として生産販売されています。世界的な天然素材への回帰志向もあり、染料原料としての天然藍、それを使った藍染製品の将来性は高いのではないかと思います。

ビジネスチャンスはここに!? 自動車部品製造の可能性

私や大使館スタッフで調査検討した結果、ビジネスとしてチャンスがありそうな候補として「自動車部品製造」「船舶・コンテナの修理・整備」「地熱発電」「医療都市」といったものがありました。

２０２０年７月１日、それまでのＮＡＦＴＡ（北米自由貿易協定）に代わり、ＵＳＭＣＡ（アメリカ・メキシコ・カナダ協定）が発効しました。この協定発効によってメキシコにいる日系企業、特に自動車関連企業は大きな課題を負うことになりました。日本企業は対米輸出のため、コストが低いメキシコで自動車やその部品を製造するのが定番となっていました。ところが、USMCAの自動車関係の規定は、自動車製造における域内原産地比率を増加させること、メキシコの労働コストを米国並みにすること、がポイントになっています。細かい説明は省略しますが、この結果、遠からずメキシコ製自動車や自動車部品のコスト優位性が失われるので、在メキシコの日本企業は米国への輸出戦略、メキシコでの調達戦略を根本的に見直さねばならなくなりました。すでにいろいろな対策は検討、実行されていると思いますが、自動車部品単体の米国向け輸出に関しては、米国とFTAを結んでいるエルサルバドルで部品製造して輸出することも一案だと考えます。次のようなメリットがあるからです。

■米国とのFTAにより米国向け自動車部品の輸入関税は免除されている。しかも米国との間では原産地比率の規制はない。

■日本からエルサルバドルに輸入される原材料や構成部品の輸入関税番号と、それらを使ってエルサルバドルで製造または組み立てられた製品の米国での輸入関税番号が異なれば、製品はエルサルバドル製となり、米国での輸入関税は免除される。

■日本からエルサルバドルへの鉄鋼、アルミ、繊維製品の輸入数量規制はない。

■エルサルバドルで製造した商品を輸出する目的であれば、日本などから製造用設備、原材料、構成部品をエルサルバドルに輸入する場合の輸入関税は免除される。

経済大臣やPROESA総裁にこのスキームを説明し、ブケレ大統領が構想する「日本企業25社からの投資」実現のために企業誘致セミナーを開いて、その目玉のひとつとしてはどうか、と提言したのですが残念ながら理解されませんでした。やはり大統領に直接説明するか、側近である大統領の兄弟に説明して大統領に届くようにするしかないのか、とあらためて思いました。彼らから指示がなければ大臣たちは動きません。大臣たちまでもが上からの指示待ち姿勢になっているのは、ブケレ政権のアキレス腱だと思います。

船舶・コンテナ修理や整備サービスも望みあり

中米の太平洋岸では、船舶やコンテナの修理や整備の拠点がパナマからメキシコのマンサニージョ港までの間にはありません。そこで、ラ・ウニオン港の横にある小さな漁船の修理工場を買収、拡張して船舶・コンテナ修理・整備サービスを事業化してはどうか、と考えました。ラ・ウニオン港の活性化だけでなく東部地域の経済活性化にもつながると思います。また、政府の協力を得て船舶整備士育成の専門学校を開設することもできるのではないでしょうか。エルサルバドルのTACA航空の航空機メンテナンス会社として設立されたAeroman社はアメリカ大陸最大の航空機メンテナンス会社であり優良企業として知られています。私も本官とともに社長と面談し、オペレーションも視察しました。この会社について特筆すべきは、航空機メンテナンスサービスを国の強みのひとつとして育てあげるべく、教育省が空港近くに航空整備士を育成する専門学校を作り、国を挙げて人材育成をおこなっている点です。ラ・ウニオン港に船舶・コンテナの修理・整備拠点を作るにあたり、同じことをしてはどうでしょう。実際、港のターミナルオペレーションの人材育成学校（70ページ参照）を作ったのですし。

こうした構想を政府側に提言したのですが、具体化せずに終わりました。ラ・ウニオン港活性化という大きなプロジェクトが先に決まってから動く話だということでしょう。

地熱発電は有力なビジネス投資対象？

第七章で書いたように（166ページ参照）、エルサルバドルは地熱発電のポテンシャルの高さでは世界有数の国です。地熱発電所は現在2か所にしかありませんが、サンビセンテ（中部地域）とチナメカ（東部地域）に新規の地熱発電所を建設する予定です。地熱井を調査すればするほど発電可能量も増加していて、それぞれ100メガワットクラスの大きな発電所になる可能性もあります。近隣諸国とは送電線網がつながっていますが、ニカラグアの電力市場価格はエルサルバドルの約2倍、ホンジュラスは50パーセント高、と中米ではエルサルバドルの電力は価格競争力が高い。この隣国2つは電力の輸出市場になりえます。クリーン電力が日本とエルサルバドルの協力でニカラグア、ホンジュラスに供給されれば、SDGsの環境目標にも合致します。前述のように日本は開発協力として設備援助や東北大学を中心とした地熱井調査をおこなっており、ビジネス投資の対象としても有力だと思います。

政府の公社のひとつにLa Geo（地熱発電公社）があります。同公社のヒル総裁は40歳代の若さですが、父親が元在日エルサルバドル大使で、小学生のころから11年間日本に滞在していたため、日本人と変わらない流暢な日本語を話します。ですから、いつも日本語で会話していたのですが、彼は地熱発電がいかに儲かるか、新規発電所も日本の協力を得て建設したいし日本の設備も購入したい、といったことを何度も熱心に言っていました。日本企業の出資参画も問題ないだろうという意見でした。

地熱発電の話ではありませんが、火山国エルサルバドルには、日本同様、温泉が湧く地域も多い。しかし、「温泉を利用した観光開発」はいっさい進んでいません。草の根協力で何度か訪問した西部地域のアウアチャパンにも温泉が湧くと聞き、親しくなった市長にこのアイデアを持ちかけたのですが、そんな構想はないし予算もない、と興味を示されませんでした。日本の温泉開発のノウハウを持ちこみ、次に述べる医療都市構想などと組み合わせれば、ユニークで将来性もあるアイデアじゃないか、と個人的には思っています。

将来有望な医療都市構想

米国や近隣国から治療、手術、検診などを受ける目的でエルサルバドルを訪れるメディカルツーリスト（医療観光者）が増加していました。2010年の1万1千人から2015年には2万6千人と2倍以上、経済効果も735万ドルから2千600万ドルと3倍以上、とメディカルツーリズムは成長産業でした。世界を見てもその市場規模は1000億ドルに達してさらに拡大傾向にあり、エルサルバドルは2016年に開催された世界メディカルツーリズムグローバルヘルスケア会議において、メディカルツーリズム新興渡航先として認定されました。こうした実態を知り調査を始めたところ今後の有望分野だと確信を得ました。さらに開発協力班の本官が意欲的にさまざまな提案をしてくれ、大使館として具体的な調査、検討を進めた結果、以下のようなことがわかりました。

■エルサルバドルの一般的な医療事情は決してよくありませんが、富裕層を対象とするメディカルツーリズムには対応できる環境ができつつあります。国際がんセンターは中米で唯一、最新の放射線治療装置「トモセラピー」を所有しており、米国では1万6千ドルかかる治療が約3千ドルで受けられます。中米域内では中米人の移動は自由化されているので、患者のほとんどは中米の近隣諸国からの訪問者となっていました。

■一部医療機関では、米国並みの質の医療サービスが米国と比べ比較的安価に受けられます

（エルサルバドルの庶民からすれば高額ですが）。英語も通じ、支払は米ドルとなることから、米国からのメディカルツーリストが多く訪れています。米国では1本約3千ドルのインプラントが約950ドルと安価で、かつ米国の先端歯科医院と同等のサービスが受けられるロレンサーナ歯科医院では、患者の約5割が北米からやってきています。

■しかし外国に向けたさらなる医療サービスの向上には必須であろうJCI（米国の第三者評価認証機関）の認証を取得している医療機関はまだありません。したがって日本との協力事業として、JCIを取得している日本のクリニックとの提携や合弁を進めることも考えられます。

さらにエルサルバドルの医療市場についても以下のようなことがわかりました。

■エルサルバドルの医療市場規模は2016年に約18億ドル。2021年までのここ10年、連続拡大しています。「肥満率が高いランキング」で中南米・カリブでは第10位。主要疾患トップ10には途上国に多い下気道感染症、下痢性疾患といった感染症だけでなく、先進国にも多い高血圧、糖尿病、慢性腎臓疾患といった生活習慣病が含まれているため、医療市場は今後も一層拡大していくはずです。米国の病院グループは進出しておらず、国際的な競合相手は現在のところいません。

[redacted]300万人を数える在米エルサルバドル人はエルサルバドルで普及している商品を購入する傾向があります。特にエルサルバドル製の医薬品については対米輸出が約1億3千万ドルで輸出品目の第7位。そしてエルサルバドル以外の中米出身の移民の多くが同じような傾向を有しています。もしエルサルバドルのクリニック、医薬品会社と提携した日本企業の医薬品、ヘルスケア製品がエルサルバドルや中米の市場に食いこめば、米国に多く暮らす中米出身の移民とその家族を顧客として射程に入れることができます。

ブケレ大統領は公約で「メディカルツーリズムおよびヘルスケアの促進を目的としたエコシステムの構築」を謳っています。実際に首都サンサルバドルでエコシステムをコアとして周辺産業を誘致するという医療都市構想を具体化させる気運が高まっていました。この医療都市構想はエルサルバドルの社会経済発展を促し、日本政府の「未来投資戦略」に掲げられているヘルスケア産業等の海外展開推進にもつながります。官民共同で推進すべき案件だと力を入れ、将来的な課題として残してきました。

大使館が地道に種を蒔《ま》いて、ビジネス投資を結実させよう

エルサルバドルへの日本企業の進出、投資をなんとか促進したい。しかしエルサルバドルの

ような途上国の小さな市場は日本企業が投資や進出を検討するうえでの優先順位は低い。それだけに、日本企業にエルサルバドル市場に関心を持ってもらえるよう、大使館としても地道な努力が必要だと考え、以下のような方策を実行しました。

■日本企業のネットワークを活用し、ビジネス情報をメール発信する。

■大使館のホームページに経済産業欄を新たに設け、ビジネス関係情報を保存して誰でも見られるようにする。

■大使館独自でエルサルバドルへの投資についてガイダンス資料を作成しホームページに掲載する。それまでエルサルバドルではPROESA（貿易投資促進機構）でもこの資料を作っていませんでした。

■積極的に講演、講義活動をおこない、情報発信に努める。

手前味噌になりますが、右の「講演・講義活動」には、かなり熱心に取り組みました。セレン政権の経済閣僚会議、CoExport（輸出業者協会）、経済経営単科大学であるESEN大学、など各所で投資戦略、輸出戦略などを提言しました。日本に一時帰国した際も、エルサルバドルのビジネス機会について毎年講演しました。

こうした日本企業支援活動の担当は大使館の経済班です。しかし日本企業進出が少ない国の大使館経済班には本省から外交官が派遣されません。一般社団法人国際交流サービス協会（かつては外務省が所管）が在外公館への専門調査員や派遣員の募集、選考と派遣をおこなっています。中南米やアフリカの途上国にある大使館の経済班に専門調査員を派遣しています。123ページで書いたように、公邸料理人もこの協会が派遣することが多い。しかし応募者がおらず、大使館の別の本官が兼務という形でカバーせざるをえない場合もあります。こうした負担解消のために総合商社や金融会社の若手を国際交流サービス協会に出向させ、そこから大使館に派遣するという策はないか、と私は考えました。総合商社では通常、若手が2年ほど海外研修を受ける制度があります。その研鑽の場を大使館にする、という考えかたです。国際交流サービス協会への出向ですから本省の人員が増えるわけではなく、商社や金融会社としては外務省との人材交流ができるうえに若手が語学とビジネスを学ぶ海外研修の場ともなる。駐在費用は国際交流サービス協会と企業が折半すれば、おたがい経費削減ともなります。この発想を私の離任報告書に記載しましたら当時の本省の中南米局長が関心を示しなにか手だてを考えるようでした。この人員不足は大使館業務における深刻な問題でもあり、開発協力の促進のためにも解決策を講じることは急務だと思います。

エルサルバドルには、まじめな国民性、高い親日感情、米国市場が近い、米国内に300万人のエルサルバドル人が居住しコミュニティを作っている、といったさまざまな強みがあります。こうした市場の特長を活用したビジネスや投資の機会があるはずだ、というのが私の考えです。エルサルバドル政府内には、コーヒー、砂糖、繊維製品、医薬品が戦略的輸出品であり、これらをいかに拡大するかという意見が強い。しかし、こうした商品は中南米の他の国々でも生産、製造、輸出されており、国土面積が小さいエルサルバドルが競争にうち勝つことはかなり難しいと思います。プレミアムコーヒー、高品質カカオ、藍根パウダーあたりがニッチ市場に見合う輸出商品で競合相手も少なく、高価格でも売れる商品を育成することができるのではと考えます。それには日本企業の購買支援が欠かせません。

さらにここまで述べてきた自動車部品製造、船舶・コンテナの修理・整備、地熱発電、医療サービスといった有望な投資案件は、他の中米諸国に勝る強みだと思います。

大使としての在任中、政府関係者にとどまらず、民間企業や団体、大学などとも交流し、投資やビジネス機会の発掘、創出に努めましたが、大使館としての限界、さらに時間的制約もあり、新しいプロジェクトの発想と関係者への共有はできたものの、実現にはこぎつけられなかった案件が多いことは悔やまれます。私が蒔いた種が実を結んでくれるよう、今後の展開に期待したいと思います。

イベントで披露されたエルサルバドルの民族舞踊。衣装は色とりどりでラテンアメリカ情緒が強く感じられる

サンサルバドルの北西にある古代マヤ文明の遺跡、ホヤ・デ・セレン。エルサルバドルで唯一の世界遺産

第十章　パブリック・ディプロマシーとはなにか

日本語教師を通じて、日本文化を広めよう

パブリック・ディプロマシー（広報文化外交）と呼ばれる外交手段があります。任国の国民に日本とはなにか日本の外交とはなにかを訴え国民からの支持を集め、外交に役立てるというものです。本省の赴任前研修でその重要性をあらためて認識し、赴任後は大使館の広報・文化班の本官やNSがこの活動を推進していたので、大使として積極的にバックアップしました。

具体的にはまず、日本に関する情報を発信してくれるだろう、エルサルバドルにいる知日家や日本武道競技者と積極的に交流することから始めました。私はカジュアルなスペイン語で話せるため、かなりめだつような行動をしたかもしれません。

着任して2か月ほど経ってから、滞日経験がある国費留学生、JF（国際交流基金）の日本語教師留学生、外務省の知日プログラムJuntos!!（フントス／中南米対日理解促進交流プログラム）による訪日経験者、JICAによる訪日研修生などとの交流を始めました。JICA研修生はASEJA（日本留学経験者の会）という協会を組織しており会員数は1300人を超えています。しかし他の留学生やJuntos!!　訪日者などは、それぞれ少数で訪日、滞在しており、その年代もまちまちであるため、おたがいを知らず組織化もされていませんでした。そこで、私が発案して大使館が音頭を取り、国費留学生グループ、日本語教師グループ、Juntos!!　グループを作り、それぞれのグループ内での連絡網も作ってもらいました。

さらに各グループが連携できるように各代表者と大使館の交流を目的としたアミーゴ会も設置しました。これで知日家同士の縦横のコミュニケーションが可能になりました。

これらのグループとアミーゴ会は定期的に集まり、日本に関する情報交換をおこなっています。また彼らに広報・文化班がおこなう日本文化に関連するイベントに関わってもらい、ＳＮＳをはじめとする各種メディアで発信してもらっています。

ＪＦは外国人の日本語教師育成を目的として、日本への留学研修をおこなっています。このプログラムを利用した教師を含めて現在、大学におけるエルサルバドル人の日本語教師は25名いて、日本語を学ぶ学生は５００名を超えています。日本人の教師はひとりもおらず、日本で学んだ日本語教師が切磋琢磨して学生に日本語を教えています。ＪＦのもとで中米カリブ日本語教師会が主催する「中米カリブ日本語教育セミナー」が２０１８年と19年の２回、エルサルバドルで開催されました。私も招待されて日本語で挨拶し、夜にはセミナー参加者30余名を大使公邸に招いて懇親の場を設けました。参加者は、エルサルバドルをはじめメキシコ、グアテマラ、ハイチ、トリニダード・トバゴ、コロンビアなど10数か国の日本語教師とＪＦから派遣された日本人コーディネーターたちです。日本語で歓談していると、エルサルバドル人教師の日本語力がもっとも高いようで、頼もしく思いました。

彼ら日本語教師たちは、各国で日本を広報し、日本への理解を深めてくれ、親日感情を醸成してくれる大事な存在です。彼らの教師としてのモチベーションを維持しつつ、さらなる日本語力の向上と日本に関する情報収集の促進を図ることが、日本にとっても必要ではないか、と考えます。ＪＦの日本語教師留学制度には２度目の留学はないようですが、日本語教師に関しては２度目の留学制度や日本企業や大学が主導する留学制度などの新設が望ましいと考えていたところ、福岡県にある経済大学の学長がエルサルバドルの複数の大学との交流を始めるため、エルサルバドルを訪問しました。ちょうど時期が合ったので日本語教育セミナーを傍聴した学長を大使公邸での懇親会にも招いて前述の私の着想を話すと、同大学でエルサルバドルの日本語教師と交流する機会を作ってみたいとコメントしてくれました。そして２０１９年９月に２名の日本語教師が招待され同大学を訪問し、交流について打合せをしました。その後もオンラインで話し合いを継続していると思います。交流が実現することを期待しています。

エルサルバドルの日本語教師たちは、大学生の日本語スピーチコンテストや日本文化を知ってもらうためのバザーを毎年開催しています。スピーチコンテストでは、大使館とＪＩＣＡに審査員を出してほしいと依頼が来て、５人の日本人が審査員となり、私は激励の挨拶をすることにしました。課題に沿ったスピーチ、朗読、早口ことばなどのカテゴリーがありましたが、普通の日本人でも難しい早口ことばを正確にすらすらと発音する学生もいて、感心しました。バザーでは、参加者の名前を漢字やカタカナで書いてみせる、習字の体験会、着物姿での写真撮影会、柔道や剣道のデモンストレーション、といったさまざまな企画が催されます。大使館からも有志が日本的な私物をバザーに出品するなどして協力しました。日本語学生だけではなく一般学生や家族も参加できるのでかなり盛況でした。教師たちが日本で覚えた、たこ焼きやお好み焼きの実演販売があったのですが、エルサルバドル人にはタコを食べる習慣がありません。なので、タコの代わりにハムが入れられていました。ちょっとびっくりしましたが、なかなか美味でした。

日本武道普及で文化交流。日本大使杯に演武会

エルサルバドル・スポーツ庁傘下に、空手連盟と柔道連盟があります。剣道や合気道も少数ながら愛好家がグループを作っています。特に、空手連盟会長は大使館とのコンタクトも多く、連盟は地方都市で年間5回競技会を開き、２０１８年12月から私の意向を汲み取り第1回日本大使杯も開催するなど、盛んに活動しています。私は都合のつくかぎり地方の競技会を参観し、日本大使杯では開会挨拶と優勝杯授与をおこないました。

この日本大使杯の会場で、空手、柔道、剣道、合気道4競技の合同デモンストレーションがおこなわれました。これは、エルサルバドル人で非常に親日家である空手連盟会長と柔道連盟会長を招待した公邸会食の席で私が、空手や柔道の競技会の際に剣道と合気道を国民に知って

もらうためにこれらのデモンストレーションの機会を作ってくれないか、と依頼したところ、両会長が快諾してくれたことで実現した演武会です。かけ声とともに、4競技がいっせいに演武を始め、観客はその迫力に総立ちで声援を送っていました。7分間の4競技合同デモンストレーションは圧巻で大成功でした。日ごろの活動とこの貢献もあり、空手連盟会長と柔道連盟会長には日本外務大臣表彰が授与されましたが、今後も4つの日本武道がそろってエルサルバドルに根を張り、普及していくことを願っています。ちなみに公益財団法人全日本柔道連盟から柔道の畳がエルサルバドルの柔道連盟に寄贈され、私が一時帰国の際に山下泰裕《やすひろ》全柔連会長を訪問してお礼かたがた打合せをしたことがあります。

セミプロ野球リーグの始球式参加もパブリック・ディプロマシー

エルサルバドルではサッカーが群を抜いて人気があるスポーツで、かなり離れて野球、というイメージです。セミプロの野球チームが4つあり、週末にリーグ戦がおこなわれています。とはいえ、各チームにはベネズエラ、ドミニカ共和国、パナマといった近隣の野球強豪国から来た選手も多数所属しており、これから発展するスポーツだろうと思います。

野球場の修復工事やスポーツの科学実証棟建設に日本が無償協力したことで、エルサルバドル野球連盟から毎年シーズンの開幕戦に招待され本官とともに観戦しました。私は始球式を2

空手大会の選手たちと。エルサルバドルでは、スポーツ庁傘下にある空手連盟と柔道連盟の活動が盛ん。剣道や合気道も愛好家がいる

セミプロ野球リーグの始球式をおこなう。4チームによるリーグ戦が週末開かれていて、近隣諸国からの助っ人選手も参加している

度おこないました。日本大使が始球式をするという場内アナウンスに観客から拍手喝采が湧き、照れくさくもあり緊張もしました。私は中学時代からバスケットボールをしていて運動能力にはそれなりに自信がありますが、クラブ活動の野球経験はありません。マウンドから投げるのは初めての経験でキャッチャーまでボールが届くか心配でしたが、低めのストレートがぎりぎりノーバウンドでキャッチャーミットに収まり、ホッとしました。日本と違い、バッターはボックスに立たず、すべてのチームの選手がピッチャー（つまり私）を囲んで投球を見守るというスタイルの始球式でした。

2019年6月、エルサルバドルの国民的スポーツであるサッカーのエルサルバドル・ナショナルチームが岩手県盛岡市で日本のナショナルチームと公式試合をおこないました。日本への出発前に大使公邸でナショナルチームの壮行会を開催し、監督、マネージャー、30数名の選手を招きました。こういう活動もパブリック・ディプロマシーです。壮行会は和食中心の立食形式だったのですが、選手たちは体調管理のため刺身、寿司といった生ものや天ぷらのような揚げ物にはいっさい手を出さず、もっぱら野菜と焼き魚を食べていました。むろんアルコール類も口にしません。刺身、寿司や天ぷらに舌鼓を打っていたのは監督やマネージャーたちで、私は壮行会主催者として選手の食事管理にまで気がまわらなかったことを大いに反省しました。なお、残念ながら日本代表との試合は0－2でエルサルバドル代表が敗れました。

2020東京オリンピックをPR。新五輪音頭が大人気

２０２０年東京オリンピック・パラリンピックに向けての広報活動もパブリック・ディプロマシーの一環です。スポーツ庁長官の賛同を得て体育館を無償で借りることができ、２０２０年1月25日、オリンピック模擬競技会を開催しました。

卓球、空手、柔道、スポーツクライミング、セーリング、パワーリフティングそれぞれの競技者がデモンストレーションをおこない、そのあと観客に競技を教えるというイベントでした。スポーツ庁長官も参加して競技者や観客といっしょに『東京五輪音頭―2020―』を踊り、そのようすは新聞にも掲載されました。このスポーツ庁長官はブケレ大統領の兄で、もともとバスケット選手であり、中南米バスケットボール協会の副会長も務めています。

長官も踊ってくれた『東京五輪音頭―２０２０―』とは、１９６４年の東京オリンピックの際に大流行した『東京五輪音頭』をアレンジして作られたものです。ＤＶＤが本省から送られてきたので、私も含め大使館員で踊りを練習し各種文化イベントや大使公邸での懇親会などで披露しましたが、どこでも好評でした。ラテンアメリカの人びとはこういう振りつけのテンポが速くて踊れる音楽は好みだと思います。模擬競技会でも、長官にも観衆にも好評で皆さん楽しそうに踊っていて、東京オリンピックと日本のいい宣伝になりました。この『東京五輪音頭―２０２０―』は日本ではあまり浸透しなかったようで、私が２０２０年10月に帰国した後、

ほとんど耳にしませんでした。振りが難しいとか言われたようですが、エルサルバドルでは人気だったけどなあと思ったものでした。

エルサルバドルからオリンピックには5名（男子3名／陸上、競泳、セーリング各1名、女子2名／競泳、ボクシング各1名）、パラリンピックには3名（男子2名／陸上、パワーリフティング、女子1名／陸上）の選手が参加しましたが、パワーリフティングのエルベルト・アセイトゥノ選手が見事、銅メダルを獲得しました。エルサルバドルでの模擬競技にも参加していて私も顔見知りだった選手で、心の底から嬉しく、感動しました。

こうした模擬競技会や大使館主催のさまざまなイベントには大使館のキャラクター、「チャンバちゃん（Chamba-chan）」が登場します。２０１９年6月に岩手県盛岡市で開かれた日本・エルサルバドルサッカー親善試合を記念して、神戸芸術工科大学でゆるキャラを研究している エルサルバドル人の国費留学生の案で作られました。その後、大使館の非公式マスコットとして使用する許可を取り、エルサルバドルの民族衣装を着せています。サルバドルという名前のニックネームがChambaで、それに日本語の愛称の「ちゃん」を足して「チャンバちゃん」と名づけました。

高校生、大学生に日本に親近感を持ってもらおう

私の赴任以前に、音楽による青少年育成を目的にした無償援助として、日本政府からサンサルバドルのドンボスコ高校にバイオリンや管楽器が供与されました。そのドンボスコ高校を中心にオーケストラ（楽団）が結成され、練習に励んでいます。そして２０１８年から毎年スペインのマドリード交響楽団がエルサルバドルを訪問し、ドンボスコ楽団を指導し、国内３都市で合同コンサートを開催していました。楽器供与の縁から、ドンボスコ高校とマドリード交響楽団より大使館でミニコンサートをしたいという申し出があり、２０１８年と19年の2回、大使公邸で演奏会を開きました。サンサルバドル市長夫妻、スペイン大使夫妻、チリ大使夫妻、スペイン人のEU大使、エルサルバドル外務省次官などを招待し、20名ほどの聴衆を前に、ドンボスコ高校生徒20名、交響楽団10名が1時間ほどの演奏を披露しました。これはマドリード交響楽団のバイオリニストとして活躍されている日本人女性・村岡紹子《しょうこ》さんの仲立ちで実現した企画です。コンサート後には日本食を提供し、マドリード交響楽団とドンポスコ楽団、招待者の方々と懇談し、楽しい宴となりました。

２０１９年9月、北海道で開催された「世界津波の日・高校生サミット」にエルサルバドルから初めて5名の高校生が参加しました。火山も地震も多く太平洋に接しているエルサルバドルにとって津波は身近な脅威です。日本への出発前には大使公邸で高校生とその保護者たちと

食事をともにしながら、懇談しました。帰国後、大使館を訪問してくれた生徒たちは楽しく有意義なイベントだった、また日本に行きたい、と感想を述べてくれました。学校での彼らの報告会にも参加させてもらいましたが、報告を聞いた生徒たちから、次は自分が行きたいという希望が口々に出ていて、災害問題と日本に対する関心の大きさを知ることができました。

私の赴任前、日本の大学とエルサルバドルの大学の間では、提携関係を結んでいるものはありましたが、留学生の交換はありませんでした。しかし212ページでふれたように2018年から福岡県の大学が積極的にエルサルバドルの複数の大学と交流を進めることになりました。大使館としても、提携先大学の紹介、交渉のアポ取得、実際の打合せに大使公邸での会食をセッティングする、などの支援を積極的におこないました。交流の第一弾として、エルサルバドルの地方創生を目的にCONAMYPE（国家小零細企業庁）の若手職員2名を2019年4月から2年間、経営に関する研究をおこなう奨学生として受けいれています。同じ4月中旬に一時帰国した私は、同大学が所在する市の市長を表敬訪問して奨学生を紹介し、エルサルバドルとの交流について話し合いました。その翌日には大学主催の市民講座で講演し、市民に奨学生を紹介して親身に接してくれるよう依頼するとともに、エルサルバドルの概況と異文化交流について90分ほど話をしました。

パブリック・ディプロマシーとしては、日本の版画や絵画の展示会、日本舞踊の公演などもあります。多くは中南米諸国を巡回しておこなわれるイベントで、エルサルバドルでも多くの国民が鑑賞して楽しんでくれています。SNSによる大使館独自の発信も強化しようということで、2018年5月から大使館公式のフェイスブックを開設し、日本大使館のロゴコンクールをはじめユーザー参加イベント企画もおこない、積極的に広報活動を展開しています。2022年3月現在で約9万9千人のフォロワーを獲得しており、在エルサルバドル外交団の中では後発組なのですが、がんばっています。

フェイスブックで募集した大使館のロゴマークは、日本とエルサルバドルの外交関係樹立85周年にあたる2020年、エルサルバドル外務省で開催した記念イベントで披露しました。他にも、有力新聞に記念広告を載せたり、フェイスブックで1年間にわたって2国間のさまざまなエピソードをのべ85本紹介したり、大使名で新聞への寄稿を10回以上おこなったり、とさまざまな形でパブリック・ディプロマシーを展開しました。

ラジオ番組に定期出演。番組MCは元Jリーガーの息子！

エルサルバドルの大手メディアであるメガビジョン・グループに属する「Radio Fuego 107.7」というラジオ局と提携し、日本文化をPRすることにしました。平日の午後4時から7時まで放送されている『ストレスのない夕方（La Tarde sin Estres）』という、大変リスナーが多い番組中に、毎月1回、テーマを決めて日本に関する話を紹介するコーナーを作ったのです。大使館の広報・文化班が後述のMCにアプローチして成立した企画です。第1回は2017年11月28日で、私が日本の政治経済文化やエルサルバドルへの開発協力に関する一般的な話をしました。その後、テーマに応じて本官や私が出演し、文化イベント、日本酒、日本食、国費留学制度、開発協力、草の根協力など毎回異なったテーマを紹介しました。40分ほどの生放送ですが、リハーサルはなく、ほぼぶっつけ本番です。日本酒がテーマの回ではペルー料理店のオーナーも番組に招待され、日本酒を試飲しながらペルー料理に合うかどうかという話もしました。生魚を食べる文化を持ち、醬油（やや中国醬油に近い）や化学調味料も使うペルー料理は日本食に近く、日本人が好む味です。エルサルバドルでも日本料理とペルー料理は人気を集めています。

番組MCであるケビン・ロドリゲス氏の父親は元プロサッカー選手のハイメ・ロドリゲス氏でした。私はサッカーにそれほど詳しくないのですが、話を聞くとエルサルバドルの国民的英雄で、しかも発足直後のJリーグでプレイした選手でした。1982年のスペイン・ワールドカップにエルサルバドル代表として出場、その後、エルサルバドル代表キャプテンも務め、ドイツ、メキシコなどのクラブにも所属していたそうです。1991年、Jリーグ発足の年にみずから希望して来日、チェローナという登録名で日本リーグ2部のNKKでプレイ、1992

年～93年には横浜フリューゲルスに移籍してJリーグでプレイしました。残念ながらフリューゲルス移籍後ケガをしたためJリーグでは活躍できなかったのですが、来日時にはエルサルバドル国営放送が密着取材し、エルサルバドル帰国後におこなわれた引退試合では4万人の観客が集まった、超有名選手だったそうです。

ということで、MCのケビン氏自身、幼少時に父といっしょに来日し、3年間日本に住んでいたため非常に日本贔屓で、日本語の挨拶や簡単なことばはまだ覚えており、番組に行くと日本語で挨拶されました。日本で味を覚えたカルピスが大好物のようでした。日本酒や日本食のテーマの際には実際に持ちこんで食べたり飲んだりしてその味を紹介するなど、リスナーが日本に興味を持ってくれるように日本に関する情報を熱心に発信してくれました。また、同番組のもうひとりのMCである女性のイボンヌ・ベシアナ・リンドさんを先述したJuntos!!という短期視察プログラムに推薦し訪日してもらいました。日本に対するよい印象を番組の中でもたびたび話してくれました。

エルサルバドルでは、米国以外の大使館はメディアへの露出が少ないので、こうした無料で広報活動ができるラジオ番組出演は日本大使館にとってありがたい機会であり、パブリック・ディプロマシーの効果も大きかったと思います。ただ、残念ながらCOVID-19のせいで、2020年4月以降は外出禁止状況でもあり出演を控えることになりました。

東京2020パラリンピック、パワーリフティング男子59キログラム級で銅メダルを獲得したエルベルト・アセイトゥノ選手（中央）と。アセイトゥノ選手は、オリンピック、パラリンピックを通じて、エルサルバドル初のメダリストとなった

サンサルバドルのショッピングモールで開かれた日本文化を紹介するイベントで。前列中央左にいるのがチャンバちゃん

第十一章

天皇誕生日祝賀レセプション、在留邦人や他国大使との交流

大使館最大のイベント、天皇誕生日祝賀レセプション

各国大使館はそれぞれ毎年1回、自国の記念日のレセプションを主催します。パブリック・ディプロマシーの一環でもあります。

だいたいはそれぞれの独立記念日や建国記念日に合わせておこなわれるのですが、中米諸国の独立記念日が9月半ばに集中しているので、その時期は連日どこかの国のレセプションが開催される、という年もありました。なんせ、エルサルバドル、グアテマラ、ホンジュラス、ニカラグア、コスタリカの独立記念日はすべて9月15日です。この5か国は、もともとスペインの植民地「グアテマラ総督領」としてまとめられていたのですが、その「グアテマラ総督領」が1821年9月15日にスペインからの独立を宣言します。その後、5つの国に分かれた（エルサルバドル共和国としては1841年に独立）のですが、各国とも独立記念日はスペインから独立した日と定めています。したがって各国、日をずらしてレセプションを開くことになります。

各国のレセプションはホテルで開催され、国の規模に応じて招待客は100名から500名くらいの間です。会場では民族衣装を着た大使館の人員に迎えられ、その国の代表的な料理やアルコールの提供、その国の音楽や踊りの披露、観光PRビデオ上映などがあり、国それぞれの特徴がよく表れた催しでした。たとえばアルゼンチンのレセプションでは、プロのダンサー

による素晴らしいタンゴが披露されます。また人気が高かったのはフランスとメキシコ。両国とも料理が美味しく、フランスでは、さらにデザートも美味でした。メキシコではマリアッチ（メキシコの民族音楽およびそれを演奏する楽団）による演奏も楽しみで、私は大好きな『ラ・ビキーナ』という曲をリクエストしたこともありました。

どのレセプションでも、貴賓席には主催国の大使、エルサルバドルの三権の長（あるいはその代理）、教皇庁大使が立ち、主催国の国歌、エルサルバドル国歌の演奏のあとに主催国大使の挨拶、シャンパンでの乾杯があり、ブッフェ会食と歓談という式次第で、全体で1時間半ほどで終了します。招待客はどのレセプションでも同じような顔ぶれで、日本大使館からは私と次席が必ず参加し、人数的に可能ならば他の本官が順番に参加しました。

日本の場合は、天皇誕生日祝賀レセプションです。毎年、約700名に招待状を出し、500名前後が参加、参加者数では米国のレセプションと同じくらいの規模でした。

大使館では数か月前から、総務班長を中心にレセプションの内容、警備体制、料理、館員の役割分担などを何度も入念に打合せ、検討します。私が参加した各国レセプションのおもな招待客、料理、宴会場のようすなどもレポートにまとめ、参考にします。特に招待客への安心安全の提供を心がけました。招待状持参でなければ入場を断る、会場入口には金属探知機を設置し、ボディーチェックもおこなう、と警備はかなり厳重にしました。金属検知機設置とボディーチェックを実施していたのは日本と米国だけ。大げさに思えるかもしれませんが、参加者には安心感を与えたようで文句も出ず高評価でした。招待状持参を必須にしたのは、レセプション荒し対策です。招待状がなくてもメディアの名刺を出せば入場できるレセプションもあり、そのためメディアの名刺を偽造して入場し、飲み食いする「荒し」の常連がけっこういたからです。幸い私の代ではチェックの甲斐あってレセプション荒しの被害は受けませんでした。

大手新聞一面で報道、日本をＰＲする一大イベント

19時の開場とともに参加者がレセプションホールに列を作って入場してきます。私はホール入口で一人ひとりと握手して歓迎の意を表し、ＶＩＰとはいっしょに写真を撮ったりもします。大使館員は無線連絡を取り合いながら、それぞれの役割を果たしています。19時半、エルサルバドル人による和太鼓演奏から式典がスタートします。15分間の演奏後、前述の式次第に沿ってレセプションが進行します。私のスピーチはスペイン語で7分間。その内容とシンクロさせて、会場のスクリーンに、天皇皇后両陛下の写真、日本各地の風景、観光地紹介、などを映写して日本のＰＲに努めます。会場内にはホテル提供の料理、公邸料理人の料理、日本料理屋からのケータリングの握り寿司が並びます。日本酒を提供するコーナー、ＪＩＣＡによる展示も毎年設けていました。

乾杯後、私は政府要人、各地の市長、外国大使、民間企業要人、大学学長、在留邦人などに挨拶をしてまわります。私や大使館員は、飲食せずにいろいろな人と話すこと、大使館員同士で固まらないこと、来客を孤立させないことに気を配ってレセプションを進行させます。

演《だ》し物は毎年異なります。参加者に法被《はっぴ》を羽織ってもらい餅つきをしたこともあります。まず、懇意にしていたリナ・ボール環境大臣（サンチェス・セレン政権時）やカナダ大使に餅つきの舞台に上がってもらい、実際に杵《きね》で餅をついてもらいました。それを見た多くの一般客が列をなして餅つきを体験し、非常に好評でした。ほかにも日本語を学んでいるエルサルバドル人大学生に、日本語の歌の合唱やよさこいソーラン踊りを披露してもらったこともあります。

日本酒コーナーには大吟醸の冷酒3種と梅酒を用意しました。女性客には梅酒が甘くて美味しいと好評で、どこで手に入るかと口々に聞かれました。冷酒は公邸会食のときと同様、はじめはアルコール度数が高そうだと手を出さない人が多いのですが、ワインと同じくらいの度数で米を醸造して作る酒だと説明すると興味を持って試飲してくれます。飲んでみると高く評価してくれるので、私は複数の市長、現地の民間企業団体の代表、国際機関の代表などを日本酒コーナーまで連れていき、日本酒のPRをするとともに、民間企業には輸入販売を考えないかと持ちかけました。しかし興味は示してくれるのですが、想定される輸入価格が高すぎてほとんど断念されます。高級酒として売れるのではという感想もありましたが、それでは顧客も限定され売上高もさほど期待できません。現状のままではビジネスにはなりそうにないのが残念でした。

この天皇誕生日祝賀レセプションは、大使館にとって最大のイベントであり、事前に各新聞社にも取材してくれるよう根回しをしており、毎年、翌日には大手新聞の一面に写真つきで大きく報道されていました。記事には、天皇陛下について、日本の歴史や文化についての紹介もあり、パブリック・ディプロマシーとして非常に効果がある催しです。

在留邦人と大使館をつなげよう

エルサルバドルの在留邦人は、日本企業、大使館、JICAなどの関係者、長期滞在者、永住者など約140名でした。そのうち長期滞在者と永住者は約80名でしたが、大使館とのつながりはほとんどないことを知り、領事班と相談して2018年1月におもな長期滞在者10数名を新年会という名目で大使公邸に招待しました。

個人商店の経営者、現地企業や政府で働く人、隠居生活をしている人など立場はさまざまですが、大使公邸に招待されたのは10数年ぶりという人がほとんどで、さらに日本人と会うのは10年以上ぶりと涙を流す人もいました。彼らから、大使館とはパスポート更新や在留証明書発行手続くらいでしか接点がなく敷居が高いという意見を多く聞いたこともあり、この公邸会食を契機に長期滞在者連絡網を作成し、毎年1月に大使公邸で新年会を開催して定期的に交流することを決めました。その後、連絡網に加え長期滞在者による「日本エルサルバドル交流会」が発足しました。日本人会という名称にならなかったのは、配偶者や成人した二世以降の世代など日本語を解さない人たちにも多く参加してもらったからです。この交流会は毎年5月にレストランで懇親会を開くことにしていますが、大使館からは大使、領事担当、次席が出席し、交流を深めています。

こうしたつながりを形成することも大使館の役目のひとつでしょうし、日本という存在を広く発信することにもなるので、有意義な活動だと思います。まだ長期滞在者が組織されておらず、大使館とも交流が少ない国はいくつもあるでしょう。エルサルバドルの試みが広まってくれるといいと思います。

1995年以降エルサルバドルの考古学の発展に貢献し文化省に勤務している考古学の専門家である柴田潮音《しおね》氏は日本とエルサルバドルの学術交流や友好親善に寄与した功績で、2019年8月に日本の外務大臣表彰を受けました。表彰式はエルサルバドル文化大臣の意向で柴田氏と縁の深い人類学博物館内にておこなわれ、現地の関係者も多数参加しました。このように長期滞在者が現地で活躍していることは誇りに思いますし、この表彰式を内外に発信できたことは広報業務としても有意義でした。

他国大使との交流1――「送別会」「レセプション」に「夕食会」

ある国の大使が離任する際には、外交団グループによる送別会、離任する大使が公邸で開くレセプション、外務大臣による勲章授与式などが公式行事として開催され、通常、各大使は夫人同伴で参加します。私の3年間の在任中、20名の大使が交替し、外交団グループによる送別会も20回開催されました。

送別会の会場はホテルの宴会場。まずは、ワインなどを片手に数人で輪を作って歓談しますが、歓談の輪にはさまざまな国の大使がいるうえ、夫人も混じっているので、外交上のこみいった話はできません。しかし用件がある国の大使に直接アポを取ることはできるので、その意味でありがたい場です。その後、テーブルに移って食事が提供され、離任する大使の挨拶、記念品贈呈、集合記念写真撮影、と進んで1時間半ほどで終了するイベントでした。いつもだいたい20組ほどの大使夫妻が参加していましたが、米国大使は多忙なのかほとんど不参加で、中国の女性大使もめったに顔を見ませんでした。エルサルバドルの外交関係が台湾から中国に切り替わってまだ日が浅く、欧米や南米の大使とのコンタクトも少なく、知り合いがいなかったからかもしれません。

離任大使が主催するレセプションは大使それぞれの人柄や趣味を反映した特徴あるものでした。ワインのみが提供される会合と、その国の代表的な料理も提供される場合との2パターンで、招待客は政府関係者、各国大使、民間企業、在留の同胞、といった感じです。離任大使と親しい大使が個別に自分の大使公邸で、招待客を8～10人くらいに絞って送別会を催すこともあります。私はどの大使ともかなり仲よくしていたので、こうしたレセプションやプライベートな送別会にもほとんど招待され出席していました。

スペイン、イタリア、英国、欧州連合、カナダ、ブラジル、アルゼンチン、コロンビア大使はさまざまな理由をつけては仲のよい大使夫妻や民間の有力者を10名程度集める夕食会を開いていました。こうした集まりにも頻繁に招待され、積極的に参加しました。私は単身赴任でしたが、スペイン語が問題なく話せますし、日本文化や日本料理といった話題は特に大使夫人たちが強く関心を示すところだったのが大きな理由かなと思っています。各国の大使夫妻と良好な関係を築くことは外交上重要なことですし、夕食会で知り合い懇意になった民間の有力者も多く、招待してくれた各国の大使には感謝しています。

韓国大使とも、従前から双方の大使と大使館員合わせて10名ほどの会食を定期的に開いており、交互に招待して友好的関係を維持していました。

これらのレセプション、送別会、懇親会もCOVID－19のため2020年3月から私が離任する10月までいっさい開催されず、残念でした。

他国大使との交流2——寿司講習会

こうした他国大使との交流の中で、大使やその夫人たちとの間で日本料理、特に寿司が話題にのぼることが多く、ある大使夫人から日本大使公邸で寿司の講習会を開いてもらえないかと言われました。まわりにいた他の夫人たちや複数の大使からも頼みこまれ、実行することにしました。

会場の都合上、全大使夫妻を招待することもできなかったので、米国の女性大使夫妻、カナダの女性大使、スペイン大使夫妻、ペルー大使夫妻、イタリア大使夫妻、コロンビア大使夫妻、元在英国エルサルバドル大使夫妻を招待しました。講習会にあたっては、当日女性はマニキュアと香水はつけないこと、男性は夫人手作りの寿司を食べること、と条件をつけましたが、全員が嬉しそうに承諾されました。

講習会当日、女性はビニールのヘアキャップと手袋にエプロンも持参して午前11時の開始前に集合しており、やる気満々なさまには驚かされました。

公邸の庭の軒下にテーブルを準備して、公邸料理人（私の着任時のひとり目）に講師を務めてもらいました。米とぎから始めて炊飯の手順、酢と砂糖の調合を説明し、全員に簀《す》巻《ま》きを配り、巻き寿司の作りかたを教えましたが、全員が真剣に取り組んでいました。ある大使夫人は夫に「ちゃんとメモを取るのよ」と指示し、その大使は苦笑いしながら大まじめにメモしていました。またある大使は一連の作業を熱心に動画撮影していました。このように、和やかに楽しく講習会は進み、巻き寿司ができあがりましたが、なんと言いますか、それぞれ特徴的なものでした（笑）。男性に「ご夫人が作った寿司を食べる決まりでしたよね」と話しかけると「そうだったね」と肩を落としながら答えます。そこで私は「プランBがあります」と、あらかじめ公邸料理人が準備しておいた握り寿司、巻き寿司、天ぷらなどを運んでこさせました。皆さん、争うようにそちらに手を伸ばし、女性陣が作った手巻き寿司は今ひとつの人気でした。私が作ったビーフステーキカレーも提供したのですが、こちらも好評で、私は料理の腕を披露できて、ちょっと鼻を高くしました。

都合4時間ほどの講習会でしたが、大使同士でいろいろな話ができ、それぞれのパートナーとも懇談できて、かなり有意義でした。後日、ある大使夫人からまた開催してほしいと要望されましたが、その際に招待しなかった大使や夫人もその場にいて、「なんの話？」などと聞かれたのであわててお茶を濁してやり過ごしました。大使同士の交流には、それなりに気を使わねばならず、ちょっと疲れるときもあります。

エルサルバドルを訪問したマドリード交響楽団と地元のドンボスコ楽団が日本大使公邸で開いた合同ミニコンサート

米国大使夫妻、スペイン大使夫妻など各国大使夫妻を公邸に招いて開いた「寿司講習会」。日本大使館の公邸料理人が講師を務めた

第十二章

COVID-19と帰朝発令。そして最後の大仕事

COVID-19ですべてが激変

２０１９年12月に中国・武漢で最初に感染者が確認されたＣＯＶＩＤ‐19は、２０２０年１月21日にアメリカ合衆国でも感染者が確認され、やがてアメリカ国内で感染者が激増していきます。しかし３月初旬の段階では、まだ中米は平穏でエルサルバドルでも感染者は発生していませんでした。

３月３日、日本大使館は５００名近い招待客を集め、天皇誕生日祝賀レセプションを開催しました。ＣＯＶＩＤ‐19を気にかけてはいましたが、まだ感染者ゼロの状況でしたし、その他にも特に問題なく盛会のうちにレセプションを挙行できたことで、大使館一同、安堵しました。しかし、この後、状況が一変します。

ブケレ大統領はアメリカ国内で感染が広まっている状況を見ていち早く対応策を打ちだします。国内の感染者はゼロでしたが、３月14日にグアテマラ、ホンジュラスと接する陸路の国境および国際空港を閉鎖します。それにともない商業旅客便の運航が全面的に停止されました。にもかかわらず非合法にグアテマラから陸路で入国した感染者がいて、３月18日にエルサルバドル初の感染者が１名確認されます。

そのため、３月21日にエルサルバドル全土に外出禁止令が出されました。感染者は１名という状況下で、です。食料品や医薬品買い出しの外出は週に１回のみ、しかもＩＤ番号末尾の数字に応じて日替わりで外出および店舗への入店が許されるというものです。それと同時に低所得者に1か月分の最低賃金である300ドルを支給すると発表されました。

外交官の場合は特例として、申請すれば外出承認書が交付され、外出制限はされないという措置が取られました。外出の際は、この外出承認書を常に携行せねばなりません。

この状況で大使館業務をどう執りおこなうか決めねばなりません。他国大使館の対応を調べたところ、ほとんどの大使館は閉鎖され、大使、外交官、NSは在宅勤務とする体制となっていました。ただ、日本大使館の場合、ほとんどの通常業務は休止するとしても、公電をはじめ通信機能は大使館内にしか設置されていないため、本省との連絡のために、どうしても大使館に出向く必要がありました。そこで本省の了承を得て、大使と本官は午前と午後の2組に分かれシフト制で毎日出勤、NSは在宅勤務とする体制を取ることにしました。大使専属の運転手も在宅勤務としたため、私は私有車を自分で運転して大使館に通うことにしました。公邸では執事は「在宅勤務」としメイドは1週間泊まりこみで交代制としました。ただし公邸料理人は公邸内に住んでいますから、引きつづき私の食事の面倒を見てくれていました。

エルサルバドル政府の各機関もほぼ閉鎖状態で在宅勤務体制となっていましたので、大使館に登庁しても電話はかかってこない、外部からのメールもほとんど来ないという状況。それでも本省からの訓令や依頼案件に関して、在宅勤務中の外務省担当者や大臣にまで電話でコンタクトして業務をおこないました。3月末、ヒル外務大臣から突然電話がかかってきて災害復旧スタンドバイクレジットに関する依頼がありました（161ページ参照）。その後何度かの交渉、確認作業がありましたがすべて電話でのやりとりで、対面では一度も話さずじまいでした。

なお、在留邦人や日本企業には、感染者情報や外出制限に関する情報、治安情報を発信し、安否確認などをおこなっていました。

公邸と大使館を往復するだけの日々

外出制限で、街なかの風景が激変しました。公共バスの運行便数が大幅に減らされ、車内もガラガラ。タクシーも営業できず、自家用車も激減、道路にはほとんど自動車が走っていませんでした。たまに車を見かけると、黄色いナンバープレートを付けた外交官の車であることが多かった。公共サービスが停止され、道路脇の雑草刈りとりもおこなわれなくなったので、雑草が1メートルほども生い茂り、街の景観を害していました。スーパーでは毎日、ID番号末尾の数字で決められたその日入店できる人たちがマスクを着用して2メートル間隔で行列を作り入店の順番を待っている光景が日常になりました。我慢強く辛抱をいとわないエルサルバドルの国民性を示す好例だと思います。不自由を強いられる毎日でしたが、街なかでの混乱や騒動は起きませんでした。

3月21日からレストランも閉鎖され昼食も夕食も外では摂れなくなり、私も本官も、自宅と大使館を往復するだけという生活になりました。そこで4月に入ったころ、公邸料理人と相談して、本官の希望者に対しては週3日、昼食用の弁当を作ってもらうことにしました。材料費だけを徴収し、昼までに料理人が弁当を準備して本官が交替で公邸に弁当を取りにいき、大使館で食べます。午前、午後に分かれたシフト勤務だし、業務量も本官同士のコミュニケーションも減っていたし、いつ終わるかわからぬ不自由な生活だし、と気分がふさぎがちな日々にあって、料理人が工夫をこらした弁当はなかなか好評で、コミュニケーションを取るよい機会も与えてくれました。公邸料理人は、私を含め希望者8名分の弁当を私が離任する10月の初めまで作ってくれましたが、この間、公邸会食も開けなかったので、弁当のメニューをあれこれ考え、調理することは彼にとってもよい気晴らしになったようです。おかげで、私の運転で出かける土曜日の買い出しには8名分の弁当の材料が加わり、毎回大量の食材を料理人とふたりで汗をかきながら運ぶこととなりました。

ゴルフ場も当然クローズになり、私の休日の楽しみもなくなりました。といってもゴルフ場の維持費はかかるので、メンバーとしての会費は毎月徴収されます。夏までは支払っていましたが、再開される見こみもなく、併設のレストランも閉鎖されたままなので、9月に入って会員権を売却することにしました。

大使の場合、イベントもセミナーもなく、誰とも会えないとなると、業務が激減します。シフト制で半日は大使館で勤務しますが、そこでほぼ仕事が片づいてしまう。残り半日、公邸でこなす業務を見つけるのに困りました。それ以上に持てあましたのが、土日の時間です。買い出し以外にすることがない。しようがないので、公邸に来ない庭師に代わって庭の水やりや草むしりに励み、ついでに、ゴルフのアプローチ練習をしていました。おかげで20ヤード前後のアプローチは上達したように思います。

帰朝発令

すべてを制限された単調な生活が半年ほどつづいていた２０２０年9月初旬、私は本省から帰朝の発令を拝命しました。通常ならば２０１７年に私が経験したように、まず私が帰国して本省で後任大使と対面で引き継ぎをおこない、その後、後任大使がエルサルバドルに赴任するという段取りで大使交替が進みます。しかし、ＣＯＶＩＤ‐19感染対策のため、私は日本到着後14日間、自主隔離生活を送らねばならず、さらに後任大使もエルサルバドル到着後、公邸で14日間の自主隔離を強いられます。私も後任大使もそれぞれ14日間はなにもできません。となると、都合１か月以上、大使館に大使が不在となります。ラ・ウニオン港問題をはじめ、懸案事項がいくつも残っていたため、本省とも相談のうえ、１か月強の大使不在は避けるべきだと判断しました。このころ、エルサルバドルの感染状況は下火になり、10月4日には空港閉鎖も解除されたのを受け、後任大使への引き継ぎは書面とメールでおこなうこととし、私は10月18日にエルサルバドルを離れ、後任大使は10月25日に着任するというスケジュールが決まりました。これに先がけ、私は帰朝の内示を受けてすぐに後任大使への引継書作成に取りかかっていました。先述したように、そのころは時間の余裕が十分すぎるほどあったので、かなり詳細な業務引継書が仕上がりました。

帰国発令を受けてから、私は政府要人、国会議長はじめおもな国会議員、最高裁長官、つきあいがある各市長、民間企業や団体、在留邦人、日本企業、他国大使といった人びとに書面あるいはメールで帰朝の挨拶を入れました。それに対し、政府関係者はじめ多くの人からこれまでの友好関係や支援に対する感謝のことばが返ってきました。また外出禁止令が解除されてから帰国までの2週間で副大統領、外務大臣、環境大臣などの閣僚やサンミゲル市長、CEPA総裁、地熱発電公社総裁といった地方の首長、政府機関代表、その他各種団体や企業の代表などの要人に時間の許すかぎり対面し、挨拶や交渉をおこないました。最後のラジオ出演もこなしました。離任までに処理すべき諸問題の対応にも追われ、後述する勲章授与式もあり、この2週間はそれまでの半年とはうってかわった密度の濃い非常に忙しい時間を過ごすことになりました。

この時期、外出制限が解除され経済活動も再開されたことで、日本大使館もNSを含め通常の体制に戻すことを本省に相談したところ、そんなことを言いだしたのは駐エルサルバドル大使館だけで、中南米の他の日本大使館はまだ通常体制に戻せる状況にはないようだがだいじょうぶかと逆に問い合わせられました。

国際空港も通常運営に戻り、国内の経済活動や市民生活も通常に戻りつつあることを説明し、大使館として引きつづき十分な感染対策を取るという条件で本省の了解を得て、帰国前に大使館を通常体制に戻すことができました。

風雲急を告げる「ラ・ウニオン港問題」

こうした、離任に向けてのさまざまな準備に忙殺される日々でしたが、「離任までに処理すべき諸問題」の中でも「JDS（人材育成奨学計画）の交換公文書」と「ラ・ウニオン港」のふたつは、なんとしても処理せねばならない大問題でした。JDSの交換公文書への署名については158ページに経緯を記しています。とにかくこの2件とも神経を使う交渉でした。

ラ・ウニオン港運営をめぐる国際入札問題は、JICAの専門調査団の報告を待つということで一時棚あげになっていました。そのうえCOVID-19の流行が始まってからは、政府業務全体が縮小を余儀なくされて、空港閉鎖でJICA調査団も入国できず、調査の進捗状況が心配でした。

そして、帰朝発令の少し前から雲行きがあやしくなってきていました。

CEPA（空港・港湾運営委員会）は、ラ・ウニオン港に関してJICAとは別に国連のUNDP（国連開発計画）に別のテーマで調査を依頼しており、こちらの報告書はすでに上がってきていました。そこでCEPAと政府は、なんとか2020年内に国際入札公示を出したいと、7月ごろから徐々に動きだしていました。この背後には、翌2021年2月に控える国会議員選挙、全国市長選挙があったと思います。選挙に向けて、ブケレ政権としては景気のいい経済対策を発表してアピールしたい。それがラ・ウニオン港再開発へ向けての国際入札公示だったというわけです。

この動きをつかんで情報収集していたのですが、離任直前、10月に入って事態は風雲急を告げることとなりました。CEPAがJICA調査団の最終報告を待たずに近々国際入札をおこなう意思を固めたという情報が入ったのです。私が提案していた「ドライキャナル構想」（71ページ）は一顧だにされていないようでした。

大使館としては、JICA調査団の報告が完了してからの入札という従前の約束を守って、今回は入札公示を見送ってもらうよう交渉するしかない。しかし現場レベルでは動きが止められない。ブケレ大統領に直接交渉するしかない状況でした。大統領とアポイントメントを取ろうとするのですが、窓口である大統領府の儀典局長がスケジュール調整をしてくれず、悶々とする日がつづきました。

ただでさえ帰朝を控えて諸要件に忙殺されているうえ、この入札問題に加えて先述のJDS問題も暗礁に乗りあげていて、私のストレスは限界に達していたようです。JDS問題がようやく片づいた後、10月10日ごろだったでしょうか、突然、右脚が痛みだし、歩くと激痛が走り、立っているだけでも痛みがひどいという症状が発生しました。昔、数回発症した尿管結石かとも思い、痛み止めを服用したのですが、いっこうに痛みは治まりません。かといって休む余裕などないので、ただひたすら痛みを我慢しながら執務していました。

勲章授与式。大統領と直接交渉へ

離任に際し通常なら232ページで記したようなレセプションを公邸で開くのですが、COVID-19のせいで諦めざるをえません。また離任大使には外務省で式典が開かれ、外務大臣から勲章が授与されるのですが、2月末に離任したスペイン大使のものが最後で、8月末に離任したドイツ大使、イタリア大使への勲章授与式は開かれていませんでした。私の授与式も流れるのだろうなと痛む右脚をさすりながら考えていたところ、突然ヒル外務大臣から「ブケレ大統領が出席してスピーチしたいので、外務省ではなく大統領府で10月15日夕方に勲章授与式をおこないたい」と連絡がありました。外出禁止令などを解除したことで、式典も開くことにしたのでしょう。その後、大統領府儀典局長から、COVID－19対策として式典参加人数は制限せざるをえないので、離任大使（私）が招待したい他国大使を最大10名、厳選してほしいと電話がありました。思案のすえ、教皇庁、米国、カナダ、コロンビア、ブラジル、英国、メキシコ、コスタリカ、チリ、EU大使を招待することにしました。

これはチャンスだと思いました。アポを取れないブケレ大統領と、間違いなく会うことができるのです。なんとしても大統領と直接、ラ・ウニオン港問題について話をしなければ、と覚悟を決めて15日を待ちました。

勲章授与式の前日、14日には国会に出向きました。エルサルバドルに貢献した大使として、私への賞状授与が決議されるからです。すべての離任大使が対象ではなく、私の在任中は米国大使とスペイン大使だけが授与された名誉ある賞状でした。該当の審議に合わせて国会本会議場に入り、賞状授与の決議後に議員から拍手を受けます。そのまま議場で国会議長から賞状を授与されました。他国大使も全員招待されていましたが、COVID－19を気にしてか半数ほどの出席でした。

いよいよ勲章授与式当日、15日がやってきました。

大統領府に予定時刻前に到着し、他国大使と式典開始を待っていましたが、ブケレ大統領がなかなか現れません。後で聞いたところ、別室でマスコミの取材を受けていて地方創生についての議論が長引いてしまったらしい。

外務大臣はひたすら恐縮していましたが、待つ間に私の脚が悲鳴をあげ、立っていられない痛みに襲われたので着席して大統領を待たせてもらいました。けっきょく大統領は1時間半ほど遅れて会場に入ってきて、式典が始まりました。

ブケレ大統領は、日本からの開発協力や病院建設支援などへの感謝と私の功績への謝辞の後、引きつづき日本との交流を深めたいと述べました。私は、日本は開発協力を継続するがエルサルバドルには投資誘致を図り経済の自立を進めることを希望すると述べ、特に投資分野に関してはUSMCA（アメリカ・メキシコ・カナダ協定）による自動車部品製造投資とJCI（米国の第三者評価認証機関）を基本とした医療サービスへの投資誘致をおこなうことが重要ではないか、と付けくわえて返礼の挨拶としました。式典の場での挨拶にしては異例の細かく具体的な提言にブケレ大統領も少し驚いたようでしたが、了解したと笑顔で答えてくれました。なお、勲章は大統領の前で外務大臣から受け取りました。

式典が終了し、ブケレ大統領と握手してその場で、「10分間、時間をください」と申しでたところ、すぐにOKの返事がもらえ、そのまま補佐官もまじえず、ふたりきりで大統領執務室で話し合うこととなりました。

大使として最後の大仕事を終える

執務室に入り、先ほどの挨拶で話した投資誘致について補足説明をしたのちに、私の在任中の大きな課題のひとつであった「ラ・ウニオン港の利活用」の道すじに関して、元商社マンとしての経験と知識に基づく、ビジネス上の観点からの私見を話しました。

ドライキャナルが実現し、それが利用できるようになった場合、パナマ運河利用と比べコストメリットが大きい。だからこそ、ラ・ウニオン港活性化と東部地域開発には、ドライキャナル構想の実現こそが生命線であり、これらは不可分の事業である。2021年5月から開かれる国会でドライキャナル実現のための道路拡張用融資を再度審議してはどうか。そのほうがサービス産業や製造業投資の可能性も高くなり、東部地域開発に向けた政府インセンティブも検討しやすくなるのではないか、と述べました。

私の話を聞いて、ブケレ大統領は小考し、私の意見はもっともだとして同意しました。すばやい判断でした。

私は、この人は理解力もあり即断即決のキャラクターだとあらためて感心するとともに、提案を受けいれてくれたことに深く感謝しました。

勲章授与式という別の機会に乗じて直接会談を申しこむという私の行動は、大統領の周囲には不興を買ったかもしれません。しかし胸襟を開いて話し合い、大統領の率直な意見を聞け、正解だったと思います。今回もラ・ウニオン港に関しては最終解決ではなく結論の引き延ばしという結果でしたが、ドライキャナル構想を前向きに検討するという成果も得ました。後は後任大使にがんばってもらうことになります。

こうして大使としての最後の大仕事が終わりました。

式典前から痛みがひどくなった右脚は、式典の最中も大統領執務室での交渉中も激しく痛みつづけ、スピーチ中も大統領との会談中も、私は大げさではなく脂汗を浮かべながら堪《こら》えていました。大統領府から引きあげるときには脚を引きずらねば歩けないほどで、会談成功の達成感と安堵感を覚えながら、痛みに歯を食いしばっていました。

さらば、エルサルバドル

授与式の翌日、16日は金曜日でしたが、引っ越し準備のために休暇を取得していました。

しかし前日の無理がたたったのか脚の痛みが引かず、早朝から病院に駆けこみました。医師には、18日に離任するので飛行機に乗っている間だけでも痛みを抑えてほしいと頼みこみました。しかし血液検査をしても痛みの原因は判明しません。とりあえず痛み止めの点滴を受けて少し楽になっただけでした。

病院を出てから大使館に顔を出し、その場にいた館員に帰国の挨拶をしました。そして前日のブケレ大統領との話し合いをまとめて公電作成の準備を終えました。これが、大使として最後の仕事となりました。

大使が帰朝する際には、大使と個人契約をしている公邸料理人も契約終了にともない帰国することになっています。ただ彼はいったん私と同じ便で帰国した後、後任大使の希望で新たに契約を結びなおして11月に再赴任する予定になっていました。

帰国便はサンサルバドルからメキシコシティ経由で成田空港への直行便です。AVIANCA航空（コロンビアの航空会社）とANAのコードシェア便で、メキシコシティでの乗り継ぎ待ちが12時間。以前は待ち時間が3時間の便があったのですが、COVID-19による減便でなくなっていました。着任の際に利用したアメリカン航空は、COVID-19の影響でサンサルバドル―ダラス間の便がなくなっていたため、このルートを利用しました。ということで、サンサルバドルからメキシコシティまでが2時間強、メキシコシティから成田までが約14時間、メキシコシティでの乗り継ぎ待ち12時間を足すとほぼ1日半の行程です。

帰国時の荷物は合計9個。来るときと同じく超過料金を支払って機内預けにしました。超過料金を支払うためVIPルームには入らず、サンサルバドル空港のAVIANCA航空チェックインカウンターで大使館の派遣員とともに約2時間立ちっぱなしで手続する羽目になり、またもや右脚が痛みだして汗だくになりました。ともあれ、予定時刻どおりサンサルバドル空港を飛びたち昼前にはメキシコシティ空港に到着。成田への出発は深夜です。空港ホテルにチェックインして、荷物を預け料理人とともにメキシコシティの繁華街へ出て、私の商社時代からの行きつけであるアルゼンチンステーキハウスで食事をしました。ここのステーキは絶品なのですが、脚の痛みがひどくて十分旨さを堪能できなかったのが悔しい。食後、ホテルに戻って休息し深夜2時にメキシコシティから離陸、20日の朝6時にようやく成田空港に到着しました。同じフライトの搭乗者は20名もおらず、機内はガラガラでした。

　早朝の成田空港でＰＣＲ検査を受け、20分ほど待って陰性の結果をもらい、手配していたハイヤーに9個の荷物を乗せて自宅に戻りました。帰国後は原則外出自粛ですが、右脚の痛みがひどいため病院で検査を受けました。診断は帯状疱疹。確かに右脚には赤い斑点がいくつも出ていて、医師からは殺菌薬と塗り薬、鎮痛薬と胃薬を処方されました。外出自粛ですし、そもそも外出できる状態でもなかったので、薬を服用し自宅で安静にしていたところ、数日で痛みはなくなりましたが後遺症は今でも残っています。

　14日間の自宅隔離を終えて外務省に出向き退職関連の諸手続などをおこない、11月13日付けの天皇陛下の認証のもと内閣が出す「願に依り本官を免ずる」という退官書を11月20日に外務省で茂木《もてぎ》敏充《としみつ》外務大臣（当時）から受け取りました。これで、私の特命全権大使の任務がすべて終了しました。

勲章授与式でブケレ大統領と　※出典:下の写真とも、外務省ホームページ
在エルサルバドル日本国大使館公式サイト／
https://www.sv.emb-japan.go.jp/itpr_ja/00_000586.html

勲章授与式後の集合記念撮影。筆者の右は外務大臣。他は各国大使たち。
通常は全大使を招待するが感染予防のため、招待大使数が限定された

さいごに

民間企業の一員であった自分がいきなり大使の重責を任され、とまどったことも多くありましたが、そのつど大使館の本官や本省の方々に助けられました。この場を借りて、あらためて御礼申しあげます。3年3か月という短い期間でしたが、大使館内では風通しのよい職場環境を作ろうといくつかの改善策を実行しました。ともに働いてくれた本官たちが本省に戻った際、別の大使館に赴任した際などに思い出して役立ててくれれば、このうえない幸せです。また、エルサルバドル政府には外国に援助を要請するだけではなく経済的自立を進めてもらうためにいろいろと示唆したつもりです。ひとつでも具体化の方向に進むなら、陰ながら応援したいと思っています。エルサルバドルの知日家にはますます日本を好きになってもらい交流を深めてほしい、日本企業には投資やビジネスを通じてエルサルバドルとの経済外交を推進してもらいたい、と願ってやみません。

外交とは日本の国益を守り国際公益を向上させることである、と定義されています。民主主義、自由、人権、法の支配など基本的な価値観を共有している中南米の国々は、日本に大きな期待を抱いています。中南米33か国のほとんどは親日国で、外交面でも日本を支持していて、アジア地域以上に日本と協働しています。私は、中南米との外交上の交流やビジネスを深耕させることが世界における日本のプレゼンスを向上させる手段のひとつになると考えています。

エルサルバドルをはじめ中南米諸国は日本の開発協力による自国の経済発展を、さらに将来的には経済の自立化を目指しています。しかし政府開発援助は一過性のものが多く、また近年では予算が削減される傾向も見られるため、民間企業の投資が重要性を増しています。少々乱暴な意見かもしれませんが、現在は従来の政府による開発協力に代わり、民間投資を通じて相手国政府に「日本」という存在をアピールする時代になりつつあると思います。ですから、民間企業による海外投資へのさらなる政府支援、日本で形成されたＰＰＰ（官民連携）による海外投資、といった施策を積極的におこなうべきでしょう。

そして、日本企業は、現地の従業員の雇用拡大と教育を推進し、経営管理や製造・生産技術を指導し、共生の精神で持続的な成長を図ってほしい。そうすれば、中南米諸国にも日本にも、大きな経済効果をもたらすはずです。

そんな未来が訪れることを期待して、筆を擱《お》かせていただきます。

樋口和喜

樋口和喜《ひぐち　かずよし》

１９５４年、岐阜県岐阜市出身。早稲田大学商学部卒。１９７９年、住友商事（株）入社。自動車製造事業部で中南米、北米他各地で自動車製造設備・部品ビジネス、製造投資に従事。元メキシコ住友商事会社社長、元メキシコキリウ社長。２０１７年６月、住友商事退職。２０１７年６月から２０２０年11月まで外務省特別職／特命全権大使としてエルサルバドル共和国に駐在。現在、（一社）日本車いすカーリング協会副会長、ポケトーク（株）顧問、情報セキュリティ（株）顧問、サイエスト（株）グローバル顧問。

商社《しょうしゃ》マン、エルサルバドル大使《たいし》になる

インターナショナル新書一一五

二〇二二年一二月一二日　第一刷発行

著者　樋口和喜《ひぐちかずよし》
発行者　岩瀬　朗
発行所　株式会社　集英社インターナショナル
〒一〇一-〇〇六四　東京都千代田区神田猿楽町一-五-一八
電話　〇三-五二一一-二六三〇
発売所　株式会社　集英社
〒一〇一-八〇五〇　東京都千代田区一ツ橋二-五-一〇
電話　〇三-三二三〇-六〇八〇（読者係）
〇三-三二三〇-六三九三（販売部）書店専用
装幀　アルビレオ
印刷所　大日本印刷株式会社
製本所　加藤製本株式会社

ISBN978-4-7976-8115-4　C0231